条項例とケーススタディ

贈与契約書モデル文例集

― 争族の予防と税務リスクへの対応 ―

編著

税理士法人チェスター
河合　厚(税理士)
前山 静夫(税理士)

行政書士法人チェスター
古庄 夏耶(行政書士・税理士)
吉田 幸寛(行政書士)

新日本法規

は　し　が　き

　わが国の総人口は、令和6年5月1日現在、1億2,394万人であり、そのうち65歳以上人口は、3,625万人、総人口に占める割合（高齢化率）は、29.2％となっています。今後、更に高齢化率は上昇を続けると推計されています。

　また、世帯主の年齢が60歳以上の世帯（60歳以上世帯）が保有する金融資産は家計金融資産全体の6割を超えるという調査結果があります。このことから、令和5年度税制改正において、生前贈与を促進する等の観点から、①暦年課税の生前贈与加算の期間が3年から7年に延長され、②相続時精算課税制度に基礎控除が新設されました。

　さらに、全国4地域において令和4年度から5年度にかけて行った認知症の悉皆調査結果によると、令和4年の認知症の患者数は443.2万人、令和22年は584.2万人と推計されており、今後も増加傾向が続くとされています。

　これら、高齢化率の上昇及び認知症患者の増加を考え合わせると、資産の所有者が、相続開始前に次代へ贈与により資産移転を行うことの重要性が増してきています。贈与は親族間で行われることが多いものの、その種類は多く、贈与契約書の作成に馴染みのない方が殆どかと思います。また、贈与の内容や贈与契約書の書き方によって、争族の防止と税務リスクへの対応が可能となります。

　本書を、参考としていただき、より効果的な贈与を行っていただけたら幸甚です。

　令和6年12月

編著者を代表して
税理士法人チェスター
税理士　前山　静夫

編著者紹介

税理士法人チェスター
　　河合　厚（税理士）
　　前山静夫（税理士）

＜事務所概要＞

2008年6月設立。相続税申告件数（年間）約2,400件の国内最大級の相続税専門税理士事務所。税理士は約70名、グループ会社を含むメンバーは360名を超え、全国に14拠点を展開。行政書士、司法書士、宅地建物取引士、弁護士などの専門家と連携し、相続に関するあらゆる業務にワンストップで対応している。

ホームページ：https://chester-tax.com/

＜主な著書＞

『令和6年度版　パッとわかる！相続税・贈与税コンパクトブック～改正事項をつかみやすく、相談業務に活用できる！～』（第一法規）、『有利・不利の分岐点がわかる！変わる生前贈与とタックスプランニング』（ぎょうせい）、『精選Ｑ＆Ａ　相続税・贈与税全書〔相続対策・税務調査編〕』（清文社）　他

その他、月刊誌「税理」、「税経通信」などに多数寄稿

行政書士法人チェスター
　　古庄夏耶（行政書士・税理士）
　　吉田幸寛（行政書士）

＜事務所概要＞

2013年9月設立。相続専門集団チェスターグループの一員として、公正証書遺言作成サポート、相続人や相続財産の調査、金融機関の名義変更などの相続手続を専門に扱う。年間の依頼件数は500件を超え、業界有数の取扱件数を誇る。

ホームページ：https://chester-gyoseishoshi.com/

略　語　表

＜法令等の表記＞

　　根拠となる法令等の略記例及び略語は次のとおりです。

　　　民法第1042条第1項第1号＝民1042①一

民	民法	租特	租税特別措置法
意匠	意匠法	租特令	租税特別措置法施行令
医療	医療法	地公共済	地方公務員等共済組合法
会社	会社法	中小承継則	中小企業における経営の承継の円滑化に関する法律施行規則
憲	日本国憲法		
健保	健康保険法	著作	著作権法
航空	航空法	動物愛護	動物の愛護及び管理に関する法律
公選	公職選挙法		
厚年	厚生年金保険法	特許	特許法
国年	国民年金法	農地	農地法
小船登	小型船舶の登録等に関する法律	犯罪収益移転	犯罪による収益の移転防止に関する法律
国公共済	国家公務員共済組合法	不登	不動産登記法
借地借家	借地借家法	法税	法人税法
商	商法	民施	民法施行法
商標	商標法	民訴	民事訴訟法
所税	所得税法	立木法	立木ニ関スル法律
新案	実用新案法	日米相続税条約	遺産、相続及び贈与に対する租税に関する二重課税の回避及び脱税の防止のための日本国とアメリカ合衆国との間の条約
信託	信託法		
森林	森林法		
税通	国税通則法		
船舶	船舶法		
相税	相続税法	所基通	所得税基本通達

相基通	相続税法基本通達	マンショ	居住用の区分所有財産の
措通	租税特別措置法関係通達	ン通達	評価について（法令解釈
評基通	財産評価基本通達		通達）

＜判例の表記＞

　根拠となる判例の略記例及び出典の略称は次のとおりです。

　最高裁判所平成元年7月18日判決、家庭裁判月報41巻10号128頁
　＝最判平元・7・18家月41・10・128

判時	判例時報	税資	税務訴訟資料
家月	家庭裁判月報	民集	最高裁判所民事判例集

目　次

ページ

はじめに ………………………………………………………………… 3

第1章　財産別　贈与契約条項

第1　現預金

1　現　金 …………………………………………………………… 31
2　預貯金 …………………………………………………………… 33
3　名義預金 ………………………………………………………… 34

第2　不動産等

4　土　地 …………………………………………………………… 35
5　建　物 …………………………………………………………… 36
6　土地の共有持分 ………………………………………………… 38
7　借地権付き建物 ………………………………………………… 40
8　マンション（区分建物）……………………………………… 42
9　賃貸建物 ………………………………………………………… 45
10　農　地 …………………………………………………………… 47
11　森林・山林 ……………………………………………………… 49
12　立　木 …………………………………………………………… 51
13　構築物 …………………………………………………………… 53

第3　株式・有価証券等

14　上場株式（株券電子化後）…………………………………… 54

15	上場株式（株券電子化前）	56
16	非上場株式	57
17	新株予約権（ストックオプション）	58
18	国　債	59
19	社　債	61
20	投資信託	62
21	合同会社の出資持分	63
22	医療法人の出資持分	64
23	匿名組合の出資持分（権利）	66

第4　動　産

24	金地金	67
25	貴金属	68
26	自動車	69
27	バイク（自動二輪車）	71
28	航空機	72
29	船　舶	74
30	ペット	76
31	書画骨董	77

第5　知的財産権

32	特許権	79
33	特許を受ける権利	80
34	実用新案権	81
35	意匠権	82
36	商標権	83
37	著作権	84

目　次　　3

第6　債権等

38　売買代金債権……………………………………………86

39　暗号資産（仮想通貨）…………………………………87

40　ゴルフ会員権……………………………………………89

41　信託受益権………………………………………………90

42　不動産小口化商品………………………………………92

43　種類物債権………………………………………………94

44　営業権……………………………………………………95

第7　国外財産

45　海外不動産………………………………………………97

第2章　ケース・スタディ

第1　条件付贈与

Case 1　孫が医学部に合格したら金銭を贈与する場合……………101

Case 2　子が結婚したら宅地を贈与する場合………………………105

第2　解除条件付贈与

Case 3　司法試験に合格するまで定期的に金銭を贈与す
　　　　るが、合格しなかったときは返還してもらう場合…………108

Case 4　後継者である婿に居住用の不動産を贈与するが、
　　　　離婚したら無効にする場合………………………………112

第3 期限付贈与

Case 5　姪が18歳になったら金銭を贈与する場合…………………117

Case 6　孫が18歳になったら自社株式を贈与する場合……………122

Case 7　孫が大学を卒業するまで定期的に学費を贈与す
る場合…………………………………………………………126

第4 負担付贈与

Case 8　生活の面倒をみてもらう代わりに賃貸マンショ
ンを贈与する場合……………………………………………129

Case 9　アパートを贈与する代わりにローンの支払をさ
せる場合………………………………………………………134

第5 死因贈与

Case10　居宅は先妻との間の子に相続させるものの、妻
には引き続き居宅に居住させたい場合……………………141

Case11　死亡後、全財産を処分し債務を支払った上で、残
りの財産を妻へ贈与する場合………………………………147

Case12　内縁の妻に自宅を死因贈与する場合………………152

Case13　死後に不動産を公益法人等に贈与する場合………157

Case14　死後に金融財産を普通法人に贈与する場合………162

Case15　知人に預貯金を死因贈与する代わりにペットの
世話をさせる場合……………………………………………166

Case16　死亡したら診療所を贈与する代わりに経営を引
き継がせる場合………………………………………………171

Case17　後継者である子へ自社株式の何割かを死因贈与
する場合………………………………………………………178

Case18　甥に遺産の3分の1を死因贈与する代わりに祭
祀を主宰させる場合…………………………………………183

第6　定期贈与

Case19　子に毎年110万円ずつ10年にわたり贈与する場合·········186

第7　その他

Case20　推定被相続人の名義預金を名義人である子へ贈
　　　　与する場合···190
Case21　未成年の孫へ現金を贈与する場合·····························194
Case22　子を契約者とする生命保険に係る保険料を贈与
　　　　する場合···199
Case23　住宅ローンを援助するために金銭を贈与する場合·········203
Case24　不動産小口化商品を姪に贈与する場合·····················207
Case25　子へ個人事業の承継に併せて事業用資産を贈与
　　　　する場合···213
Case26　自宅の持分を妻に贈与する場合·······························218
Case27　国外で生活している子に金銭を贈与する場合·············223
Case28　国外に居住する子に賃貸用の国外中古建物を贈
　　　　与する場合···227

文例のダウンロードについて··233

はじめに

○はじめに

1 相続税と贈与税の沿革

相続税は明治37年に開戦した日露戦争の戦費調達のために創設され、創設時は遺産の総額を対象として課税する「遺産課税方式」が採られていました。そして、第二次世界大戦終戦後の昭和25年、シャウプ勧告により相続税と贈与税を統合する累進的取得税が採用されるとともに、それまでの遺産課税方式から財産取得者が一生を通じて取得した財産を全て累積して課税する取得課税に切り替えられました。昭和26年9月、第二次世界大戦の終結と国交回復について日本と連合国との間で、対日講和条約（サンフランシスコ講和条約）が結ばれ、日本は連合国からの独立を回復し、昭和28年、シャウプ勧告による税制は改正され、累進的取得税は廃止の上、遺産取得課税方式の相続税と暦年ごとに財産の取得者に課税される贈与税の二本立てとされました。そして、昭和33年改正以後の相続税法において、法定相続分課税方式が導入され現在に至っています。平成15年には、相続税・贈与税について、高齢化の進展に伴い、相続による次世代への資産移転の時期が従来よりも大幅に遅れてきていること、高齢者の保有する資産の有効活用を通じて社会経済の活性化にも資するといった社会的要請などを踏まえ、将来において相続関係に入る特定の親子間の資産移転について、生前贈与と相続との間で、その時期の選択に対する課税の中立性を確保することにより生前贈与による資産移転の円滑化に資することが重要との認識の下、相続時精算課税制度が創設されました。

【図表1】 我が国の相続税と贈与税の沿革

改正時期	沿　革	課税方式 相　続	課税方式 贈　与
明治38年 （相続税法施行）	○相続前1年間の贈与を相続財産に合算	遺産課税	－
昭和22年	○一生累積型の贈与税が導入されたが、基礎控除・税率表は相続税と別建て ○相続前2年間の贈与を相続財産に合算	遺産課税	贈与者課税
昭和25年 （シャウプ勧告）	○取得者の一生を通ずる累積課税に改組 ○贈与税が相続税に一本化され、基礎控除・税率表が贈与と相続で共通化	取得課税	
昭和28年	○累積課税が廃止され、贈与税が復活（暦年課税） ○相続前2年間の贈与を相続財産に合算	遺産取得課税	受贈者課税
昭和33年	○法定相続分課税方式の導入 ○相続前贈与の合算期間を3年に延長 ○贈与税の3年間の累積課税方式の導入（昭和50年に廃止）	法定相続分課税	受贈者課税
平成15年	○相続時精算課税制度の導入	法定相続分課税	受贈者課税
令和6年	○相続前贈与の合算期間を7年に延長 ○相続時精算課税制度に110万円の基礎控除を導入	法定相続分課税	受贈者課税

（税制調査会「相続税・贈与税に関する専門家会合　2022年度」令和4年10月21日財務省説明資料を筆者加工）

2 与党税制改正大綱（平成31年度、令和4・5年度）

　税制改正は、経済社会の変化等を踏まえ、その時々の課税を中心に、政府税制調査会が中長期的視点から税制の在り方を検討する一方、与党税制調査会が毎年度の具体的な税制改正要望等を審議します。その後、公表される与党税制改正大綱を踏まえて、税制改正の大綱が閣議に提出され、閣議決定された税制改正の大綱に沿って、改正法案が国会に提出されます。令和5年度税制改正に向けた背景や検討状況等について、各年度の与党税制改正大綱の「税制改正の基本的考え方」において、次のように明記されています。

（1）　平成31年度税制改正の基本的考え方（資産移転の時期の選択
　　　に中立的な相続税・贈与税に向けた検討）

　高齢化の進展に伴い、いわゆる「老々相続」が課題となる中で、生前贈与を促進する観点からも、資産移転の時期の選択に中立的な税制の構築が課題となっている。諸外国の制度をみると、生前贈与と相続に対して遺産税もしくは相続税を一体的に課税することにより、資産移転の時期の選択に中立的な税制が構築されている例がある。一方、わが国においては、平成15年に相続時精算課税制度が導入されており、本制度の適用を選択すれば、生前贈与と相続に対する一体的な課税が行われるが、本制度は必ずしも十分に活用されていない。今後、諸外国の制度のあり方も踏まえつつ、格差の固定化につながらないよう、機会の平等の確保に留意しながら、資産移転の時期の選択に中立的な制度を構築する方向で検討を進める。こうした検討の進捗の状況を踏まえ、教育資金の一括贈与に係る贈与税の非課税措置及び結婚・子育て資金の一括贈与に係る贈与税の非課税措置についても、次の適用期限の到来時に、その適用実態も検証した上で、両措置の必要性について改めて見直しを行うこととする。

（2）　令和4年度税制改正の基本的考え方（相続税・贈与税のあり方）

　今後、諸外国の制度も参考にしつつ、相続税と贈与税をより一体的に捉えて課税する観点から、現行の相続時精算課税制度と暦年課税制度のあり方を見直すなど、格差の固定化防止等の観点も踏まえながら、資産移転時期の選択に中立な税制の構築に向けて、本格的な検討を進める。

　あわせて、経済対策として現在講じられている贈与税の非課税措置は、限度額の範囲内では家族内における資産の移転に対して何らの税負担も求めない制度となっていることから、そのあり方について、格差の固定化防止等の観点を踏まえ、不断の見直しを行っていく必要がある。

（3）　令和5年度税制改正の基本的考え方（資産移転の時期の選択により中立的な税制の構築）

　相続税・贈与税は、税制が資産の再分配機能を果たす上で重要な役割を担っている。高齢世代の資産が、適切な負担を伴うことなく世代を超えて引き継がれることとなれば、格差の固定化につながりかねない。

　わが国の贈与税は、相続税の累進負担の回避を防止する観点から、相続税よりも高い税率構造となっている。実際、相続税がかからない者や、相続税がかかる者であってもその多くの者にとっては、贈与税の税率の方が高いため、生前にまとまった財産を贈与しにくい。他方、相続税がかかる者の中でも相続財産の多いごく一部の者にとっては、財産を生前に分割して贈与する場合、相続税よりも低い税率が適用される。

　このため、資産の再分配機能の確保を図りつつ、資産の早期の世代間移転を促進する観点から、生前贈与でも相続でもニーズに

即した資産移転が行われるよう、諸外国の制度も参考にしつつ、資産移転の時期の選択により中立的な税制を構築していく必要がある。

3　令和5年度税制改正の概要

　上記の改正経緯を踏まえ、資産移転の時期の選択により中立的な税制の構築等の観点から、①相続時精算課税制度について、暦年課税の基礎控除とは別途、110万円の基礎控除が創設されるとともに、相続時精算課税で贈与を受けた土地・建物が災害により一定以上の被害を受けた場合に、相続時にその課税価格を再計算することとされ、②暦年課税において、贈与を受けた財産を相続財産に加算する期間を相続開始前3年間から7年間に延長し、延長した4年間に受けた贈与のうち総額100万円までは相続財産に加算しないこととされ、③教育資金の一括贈与に係る贈与税の非課税措置について、節税的な利用につながらないよう所要の改正が行われるとともに、適用期限が3年延長され、④結婚・子育て資金の一括贈与に係る贈与税の非課税措置について、節税的な利用につながらないよう所要の改正が行われるとともに、適用期限が2年延長されました。

　以下の改正は、令和5年度税制改正とは別の改正ですが、令和5年9月に国税庁から、⑤新たな区分所有マンションの評価方法を定めた通達「居住用の区分所有財産の評価について（法令解釈通達）」(令5・9・28課評2−74・課資2−16) が発出されました。また、令和6年度税制改正において、⑥住宅取得等資金の贈与を受けた場合の非課税措置の適用期限の延長等が行われました。

　具体的な改正内容は次のとおりです。

（1）　相続時精算課税贈与

　ア　相続時精算課税に係る贈与税の基礎控除の創設

制度の利用促進を図る観点から、相続時精算課税を選択した後の贈

与についても、毎年110万円の基礎控除が設けられました。この基礎控除は受贈者1人につき毎年適用することができるもので、同一の年に2人以上の相続時精算課税を選択した贈与者（以下「特定贈与者」といいます。）から相続時精算課税の対象となる贈与を受けた場合であっても、基礎控除は110万円が限度となります。

　イ　相続税の課税価格に加算される相続時精算課税適用財産の価額の改正

　贈与時に上記アの贈与税の基礎控除により控除された額については、特定贈与者の相続開始時に相続税の課税価格に加算されないこととされました。

　ウ　相続時精算課税選択届出書の提出方法の見直し

　相続時精算課税の適用を受けようとする人が特定贈与者から贈与を受けた財産の価額が上記アの贈与税の基礎控除額以下である場合には、相続時精算課税選択届出書のみを提出することができることとされるとともに、その旨を相続時精算課税選択届出書に記載することとされました。

　エ　相続時精算課税に係る土地又は建物の価額の特例の創設

　相続時精算課税適用者が特定贈与者からの贈与により取得した土地又は建物が、その贈与を受けた日から特定贈与者の死亡に係る相続税の申告書の提出期限までの間に災害によって相当の被害を受けた場合（その土地又は建物を贈与日から災害発生日まで引き続き所有していた場合に限ります。）には、その土地又は建物の贈与時の価額からその災害により被害を受けた部分に対応するものとして計算した金額を控除した残額とされます。

（2）　暦年課税贈与

　ア　加算対象期間の見直し

　生前の分割贈与による相続税負担の軽減を図ることを防止するため、相続税の課税価格に加算される生前贈与の対象期間について、相続開始前7年以内（改正前：3年以内）に延長されました。

イ　加算される財産の価額の見直し

上記アにより延長された相続開始前3年超7年以内に被相続人から贈与により取得した財産の価額については、総額100万円までは相続税の課税価格に加算されないこととされました。

（3）　教育資金の一括贈与に係る贈与税の非課税措置

信託等があった日から教育資金管理契約の終了の日までの間に贈与者が死亡した場合、受贈者が23歳未満である場合等に該当し、かつ、贈与者に係る相続税の課税価格の合計額が5億円を超えるときは、贈与者の死亡の日における管理残額を相続又は遺贈により取得したものとみなして、贈与者の死亡に係る相続税の課税対象とすることとされました。また、教育資金管理契約が終了した場合における贈与税の課税に当たり、特例税率を適用されないこととされた上、その適用期限が令和8年3月31日まで延長されました。

なお、「特例税率」とは、贈与により財産を取得した人（贈与を受けた年の1月1日において18歳以上の人に限ります。）が、父母や祖父母など直系尊属から贈与により取得した財産に係る贈与税の計算に使用する税率をいいます。

（4）　結婚・子育て資金の一括贈与に係る贈与税の非課税措置

結婚・子育て資金管理契約が終了した場合における贈与税の課税に当たり、特例税率を適用されないこととされた上、その適用期限が令和7年3月31日まで延長されました。

（5）　区分所有マンションの相続税評価額の見直し（マンション通達）

令和6年1月1日以後に相続、遺贈又は贈与により取得した「居住用の区分所有財産」（いわゆる分譲マンション）のうち一定の要件に該当するものについて、従前の財産評価基本通達に基づいて計算した評価額が市場価格理論値の60％未満（この割合を「評価水準」といいます。）となる場合には、最低でも市場価格理論値の60％相当額が評価額

となるように、その宅地（敷地利用権）及び建物（区分所有権）に対して調整計算を行うこととされました。

（6） 住宅取得等資金の贈与を受けた場合の非課税措置（令和6年度税制改正）

非課税限度額の上乗せ措置の対象となる省エネ等住宅の断熱等性能等級の要件が厳格化された上、その適用期限が令和8年12月31日まで延長されました。また、特定贈与者から住宅取得等の資金の贈与を受けた場合の相続時精算課税制度の特例の適用期限も令和8年12月31日まで延長されました。

4 暦年課税贈与と相続時精算課税贈与の比較

生前贈与を行うに当たり、暦年課税贈与と相続時精算課税贈与のどちらの制度が節税対策に適しているのか、シミュレーションを行ってみることが肝要といえます。相続時精算課税制度は、一度選択するとその後撤回できませんので注意を要します。家族状況、贈与者の所有資産の種類や価額、年齢などから、いつ、誰に、どのような資産をどのくらい贈与するのか、贈与者の意向を汲んだ上で行います。

（1） 暦年課税贈与

暦年課税贈与の贈与税の計算は、その年の1月1日から12月31日までの1年間に贈与により取得した財産の価額から基礎控除額110万円を控除し、その残額に税率を乗じて税額を計算します。

贈与者の相続が開始した場合、相続開始前7年（令和5年12月31日までの贈与は3年）超の贈与は、相続財産に加算されません。贈与税は、相続税の累進負担の回避を防止する観点から、相続税よりも高い税率構造となっていますが（前掲2（3）令和5年度税制改正の基本的考え方）、贈与額に対する贈与税の税率が相続税の税率より低い場合には、生前贈与を行って相続財産から切り離すことで節税効果が期待できます。相続開始前7年以内の贈与は、相続財産に加算されます（相

続開始前3年超7年以内の贈与は100万円までは加算されません。）の
で、年齢を考慮して、早い時期から贈与を行うこと、生前贈与加算が
適用されない孫や子の配偶者への贈与を行うことが有効といえます。

（2） 相続時精算課税贈与

相続時精算課税制度を選択すると累計贈与額2,500万円までは非課
税、2,500万円を超えた部分に一律20％の税率が適用され、贈与者の相
続開始時には、累積贈与額を相続財産に加算して相続税を計算します
（納付済みの贈与税は税額控除されます。）。累計贈与額は、贈与時の
価額とすることができることから、例えば、将来値上がりが見込まれ
る自社株式を、本制度を利用して贈与することにより、相続財産を抑
えることが可能です。また、令和6年1月1日以後に受ける贈与に設
けられた基礎控除額110万円までの贈与額は累計贈与額に含まれず、
加えて、暦年課税贈与における7年以内の生前贈与加算もありません
ので、贈与者の余命が限られる場合は、贈与税が課税されない110万円
以内の贈与を毎年行うことが有効といえます。さらに、所有財産が限
られ、長期間に渡る贈与が可能な場合は、毎年110万円以内の贈与を行
うことで一定の節税効果を得ることが期待できます。

（3） 贈与税の課税方式の違いによる贈与財産の相違等

以下の【図表2】及び【図表3】は、国税庁統計資料に基づき、令
和4年分における贈与財産の違いによる1人当たりの取得財産の価額
及び課税人員の状況について、暦年課税贈与と相続時精算課税贈与を
比較したものです。

課税人員を比較すると暦年課税贈与は、現金・預金23万8,000人（取
得財産の価額350万1,000円）、有価証券7万7,000人（同価額553万円）
の順で利用されており、相続時精算課税贈与は、宅地2万人（取得財
産の価額836万6,000円）、現金・預金1万5,000人（同価額1,086万
5,000円）、家屋・構築物1万4,000人（同価額282万1,000円）、有価証
券4,000人（同価額7,203万円）の順に利用されています。

全体として、相続時精算課税贈与は暦年課税贈与に比べると利用者数は少ないですが、1人当たりの取得財産の価額が大きいことが特徴的です。とりわけ、暦年課税贈与における現金・預金の課税人員、相続時精算課税贈与における有価証券の1人当たり取得財産の価額は、他の財産に比べ突出しており、両制度の活用効果の違いを表しているといえます。

【図表2】暦年課税贈与

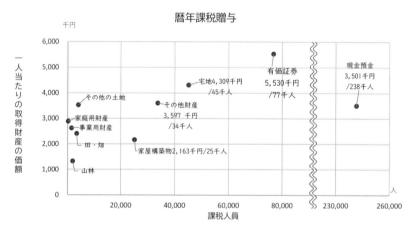

【図表3】相続時精算課税贈与

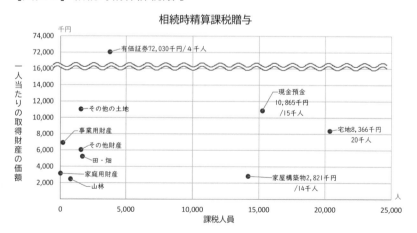

5　贈与税申告の状況等

　贈与税の納税人員は、オイルショックのあった昭和48年に落ち込んだものの、その後増加に転じ、バブル期である平成3年にピークの51万6,000人に達しました。バブル崩壊後、減少を続けてきましたが、平成22年から増加に転じています。また、1人当たりの取得財産価額は、相続時精算課税制度が導入された平成15年から数年間は高い水準を維持していましたが、その後、減少に転じて、平成25年以後、再び増加に転じています（【図表4】）。

　今後の資産移転の見通しについて、財務省は、相続時精算課税に係る贈与税の基礎控除の創設及び相続税の課税価格に加算される相続時精算課税適用財産の価額の改正により、相続時精算課税制度の使い勝手が向上するとともに、暦年課税においても相続前贈与の加算期間が延びることで、結果として、より早いタイミングで子や孫への資産移転が行われるものと期待されるとしています（財務省『令和5年度　税制改正の解説』447頁）。

【図表4】贈与税の納税人員等の推移

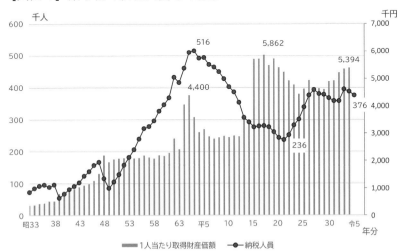

（国税庁統計情報資料から筆者作成。令和5年分の納税人員は、令和6年5月公表の報道発表資料から作成）

6 贈与契約における留意事項等

贈与とは、当事者の一方（贈与者）がある財産を無償で相手方（受贈者）に与える意思を表示し、相手方（受贈者）が受諾をすることによって、その効力を生ずる無償・片務・諾成契約のことをいいます（民549）。

贈与は、日常生活において、生活費の受渡し、子や孫への小遣い、教育費の支払、夫婦間でのプレゼント、記念品の贈呈など各種の場面で見られるほか、子や孫が住宅を取得する際の資金や結婚に際しての費用など非日常的な場面でも見られます。

これらの贈与の場面においては、特段、贈与契約を意識せずに金銭や資産の受渡しを行うことも少なからずあることでしょう。しかし、爾後において、当事者間で「もらった」、「もらわない」というような揉め事や税務当局からの指摘等に適切に対応するためには、贈与契約を意識して、必要に応じて契約書を交わすことが肝要といえます。

また、遺産分割対策や相続税の軽減対策、納税資金対策のほか事業承継対策としての贈与は、事前にシミュレーションするなどして効果的に行うことを要します。

贈与を行うに当たり、まずは、贈与の対象となる財産が贈与税の課税対象となるのか、そもそも贈与の対象とならない財産であるのかという点に留意するとともに、贈与の種類や効力さらには、課税関係についての理解を深めることによって、より効果的な贈与や税務リスクに備えることができるでしょう。

（1） 贈与税の非課税財産等

原則として、贈与を受けた全ての財産に対して贈与税が課税されますが、その財産の性質や贈与の目的などから見て、次に掲げる財産については贈与税の課税対象とされません。

① 法人からの贈与により取得した財産（相税21の3①一、所基通34－1）

② 扶養義務者間において生活費や教育費に充てるために取得した財産のうち通常必要と認められるもの（相税21の3①二）

③ 宗教、慈善、学術その他公益を目的とする事業を行う一定の者が取得した財産で、その公益を目的とする事業に使われることが確実なもの（相税21の3①三）

④ 奨学金の支給を目的とする特定公益信託や財務大臣の指定した特定公益信託から交付される金品で一定の要件に当てはまるもの（相税21の3①四）

⑤ 地方公共団体の条例によって、精神や身体に障害のある人又はその人を扶養する人が心身障害者共済制度に基づいて支給される給付金を受ける権利（相税21の3①五）

⑥ 公職選挙法の適用を受ける選挙における公職の候補者が選挙運動に関し取得した金品その他の財産上の利益で、公職選挙法の規定による報告がなされたもの（相税21の3①六）

⑦ 特定障害者扶養信託契約に基づく信託受益権（相税21の4）

⑧ 個人から受ける香典、花輪代、年末年始の贈答、祝物又は見舞いなどのための金品で、社会通念上相当と認められるもの（相基通21の3−9）

⑨ 相続や遺贈により財産を取得した人が、相続があった年に被相続人から贈与により取得した財産（相税21の2④）

（2） 贈与税の非課税の特例

① 直系尊属から贈与を受けた住宅取得等資金のうち一定の要件を満たすもの（租特70の2）

② 直系尊属から一括贈与を受けた教育資金のうち一定の要件を満たすもの（租特70の2の2）

③ 直系尊属から一括贈与を受けた結婚・子育て資金のうち一定の要件を満たすもの（租特70の2の3）

（3）　贈与の対象とならない一身専属権

　一身専属権とは、その権利の性質等から特定の者のみが行使し、又は享有することのできる権利をいいます。行使上の一身専属権（行使専属権）と帰属上の一身専属権（享有専属権）とがあります。

　民法では、「債権者は、自己の債権を保全するため必要があるときは、債務者に属する権利を行使することができる。ただし、債務者の一身に専属する権利及び差押えを禁じられた権利は、この限りでない。」（民423ただし書）、「相続人は、相続開始の時から、被相続人の財産に属した一切の権利義務を承継する。ただし、被相続人の一身に専属したものは、この限りでない。」（民896ただし書）と規定され、一身専属権は贈与の対象となりません（下線筆者）。主に次のようなものがあります。

・代理権（民111）
・使用貸借における借主の地位（民597③）
・雇用契約上の地位（民625②）
・組合員の地位（民679）
・配偶者居住権及び配偶者短期居住権（民1032②・1041）
・著作者人格権（著作59）
・生活保護法に基づく保護受給権（最判昭42・5・24民集21・5・1043）
・国家資格（各法令の趣旨）
・国民年金、厚生年金、国家公務員共済年金及び地方公務員等共済年金の受給権（国年24、厚年41、国公共済48、地公共済51）
・公職選挙法上の選挙権に基づく投票権（公選44・48）

（4）　贈与の種類及び効力等

　民法上、贈与の種類に関しては、定期贈与、負担付贈与及び死因贈与の規定が置かれています。また、法律行為の一般規定として、民法の第一編「総則」第5章「法律行為」に条件及び期限に関する規定が置かれ、原則として、広く法律行為一般について、当事者が条件及び

はじめに 17

期限を任意に付加することができるとされています。本書第２章にお
いて、贈与の種類ごとに個別事例を紹介していますので、参考として
ください。

　ア　定期贈与

　毎年又は毎月一定の金銭又は物を給付するというように定期的に履
行する贈与を定期贈与といいます（民552）。

　イ　負担付贈与

　一般的な贈与が片務契約であるのに対し、負担付贈与については、
その性質に反しない限り、双務契約に関する規定を準用するとされて
います（民553）。負担付贈与とは、「債務を弁済することを条件とする」
など贈与者だけではなく、受贈者も贈与に対する対価的な債務を負担
するものです。一般的な贈与は贈与者だけが「財産を無償で与える」
という義務を負いますが、負担付贈与は、受贈者に一定の条件を付け
て贈与するため、受贈者もその条件を履行する義務を負うことになり
ます。

　ウ　死因贈与

　生前に贈与契約を交わすが、贈与者の死亡によって効力を生ずる贈
与については、その性質に反しない限り、遺贈に関する規定を準用す
るとされています（民554）。死因贈与も、形式としては生前贈与と同様
に当事者間の合意によって成立します。死因贈与は、遺言書作成のよ
うな方式にとらわれずに遺贈と同じ効果が期待できます。遺言は相手
方のない単独行為なのに対して、死因贈与は双方の合意があって成立
する諾成契約です。

　エ　負担付死因贈与

　上記イ及びウを組み合わせたもので、受贈者が契約で明示されてい
る義務をきちんと履行すること及び贈与者が死亡することを条件に贈
与が行われるという契約です。

オ　停止条件付贈与

受贈者がある事実について、条件が成就したときに贈与の効力を生じます。

カ　期限付贈与

法律行為の効果として生ずる債務の履行又は法律行為の効力発生に関する期限を「始期」といい、始期には、法律行為の履行に期限が付されている「履行期限」と法律行為の効力自体について期限が付されている「停止期限」とがあります。履行期限でなされた始期付贈与は、ある事実が到来した時を贈与の履行期とします。また、停止期限でなされた始期付贈与は、ある事実が到来した時を贈与の効力発生時期とします。ある事実が到来した時に効力を失う贈与のことを、始期付贈与に対し終期付贈与といいます。

7　税務証拠資料としての贈与契約書の意義

贈与は当事者の合意によって、ある財産を贈与者から受贈者に移転することができる諾成契約であり、書面がなくとも成立します(民549)。しかし、贈与契約を書面として残しておかないと、様々な場面で弊害が生じます。ある年月日に当事者間で贈与契約を交わしたこと、贈与契約の内容を契約書として保管し、爾後に備えることが肝要です。

（1）　人の記憶について

人の記憶は時の経過とともに薄れ、曖昧になります。ドイツの心理学者エビングハウス（1850〜1909年）は、人の記憶に対する時間の経過と記憶の関係を表す忘却曲線を発見しました。エビングハウスは、時間と記憶の相関関係に関する実験を行い、1日後には74%、1週間後には77%、1か月後には79%の記憶を忘れてしまうことを、この忘却曲線で示しました。

また、人の記憶は忘れてしまうだけではなく、時として、誤解に基

づいて記憶されたり、自身の都合のよいように記憶されたりということもあります。そして、そもそも、口頭による契約では、その契約の細部まで詰められていないケースが多く、爾後において「そういうつもりではなかった。」、「そのようなことは聞いていない。」ということが起こり得ます。

（2）　金銭の贈与における問題点

　金銭の贈与を行った場合、贈与を行った事実や、贈与を受けた事実を記録に留め置いていなければ、爾後において、その事実関係を第三者に対して証明することは極めて困難といえます。預金通帳を介した出金・入金の事実関係は動かぬ証拠といえますが、その場合であっても、その金銭の移動の基となる法律行為が、贈与契約であるのか、売買契約であるのか、金銭消費貸借契約であるのか、寄託契約であるのかなど特定することは容易ではありません。

　また、贈与者及び受贈者の双方が生存しているケース、贈与者が亡くなっているケース、贈与者及び受贈者の双方が亡くなっているケース、それぞれのケースによって事実関係の証明の難易度は相違します。贈与者、受贈者の記憶の忘却、記憶違い等のほか、証明を行う当事者の事情によっては、その当事者の判断に委ねられるケースも少なくないと思料します。

（3）　不動産の贈与と不動産登記

　贈与による財産の取得の時期は、動産であるか不動産であるかを問わず、書面によるものは、その契約の効力の発生した時、書面によらないものは、その履行の時とされています（相基通1の3・1の4共－8）。また、不動産など所有権移転登記等の目的となる贈与による財産の取得の時期については、贈与契約書を作成していないなどその贈与の時期が明確でないときは、特に反証のない限りその登記等があった時に贈与があったものとされています（相基通1の3・1の4共－11）。

　不動産の贈与においては、その贈与に係る所有権移転登記は、所有

権移転の効力要件ではなく、第三者に対する対抗要件となることから（民177）、受贈者の権利を保全するために、贈与契約書を作成し、贈与に係る所有権移転登記を行うことが一般的といえます。

そして、このような不動産の所有権移転登記の情報は、登記情報連携システムにより、法務省から税務当局に提供され（国税庁HP「国税の適正・公平な課税の実現のための協力について」）、課税資料として蓄積されます。

（4） 贈与税の税務調査

贈与税に係る税務調査は、被相続人（贈与者）の相続開始後、相続人（受贈者）に対する相続税調査に併せて実施されるケースと不動産の登記情報に基づいて実施されるケースがあると思料します。

相続税調査に併せて実施されるケースの一つとして、被相続人の預貯金の移動状況について、過去に遡及して調査が行われます。不明出金が把握され、その出金先について確認を要する場合、被相続人の親族名義の預貯金の移動状況等も調査が行われます。多額の財産形成が把握され、その資金源について確認を要する場合などは、贈与税の調査も併せて行われます。

さらに、受贈者が不動産を取得した旨の不動産の所有権移転登記情報と受贈者の贈与税申告の有無を照合するなどして、受贈者の贈与税申告が行われていなければ、贈与税の調査対象にすることもあります。

（5） 贈与税の除斥期間について

税務調査は、相続財産の課税漏れの有無を確認するため、被相続人が相続人の名前を借りて財産を形成していたことも想定して行われます。

贈与税の除斥期間（時効）は6年（偽りその他不正の行為により税額を免れた場合は7年。以下同様）です。財産の移転があり、受贈者に贈与税申告の義務があれば、申告と納税を行わなければなりませんが、受贈者が贈与税申告を行わない状態で6年が経過すれば、税務当

局は贈与税の課税は行うことができません。被相続人に係る税務調査の時点において、被相続人から相続人への財産の移転につき、贈与税の除斥期間が経過していたならば、税務当局は贈与税の課税を行うことができないわけです。

　一方、財産の移転につき、贈与税の除斥期間が経過していても贈与が成立していなければ、被相続人に帰属する財産として相続財産に加算されます。税務調査を受ける相続人の中には、追徴課税を避けたいという思いから税務当局に対し、贈与は成立しており贈与税の課税は行うことができない旨を主張し、贈与があったことを認定してもらう方向に思考がはたらく人もいます。

（6）　贈与契約書の意義

　贈与契約を書面によって交わした場合の財産の取得時期は、その契約の効力が発生した時とされていますので、通常、贈与契約書があれば、その契約書に基づいて財産の取得時期を判断することとなります。相続人は除斥期間が経過している旨主張するための証拠として贈与契約書があれば、税務当局はその契約の成立を否定する証拠がない限り、相続人の主張を否定することはできません。贈与契約書（直接証拠）があれば、贈与が成立していることを証明することができるわけです。ただし、贈与契約書の記載内容と金銭の移転の事実関係が一致していなければならないことは、言うまでもありません。

　なお、直接証拠となる贈与契約書がない場合は、税務当局は、その財産又は原資の出捐者、その財産の管理・運用の状況、その財産から生ずる利益の帰属者などの間接証拠から贈与の成否について判断します。

　一方、不動産の贈与については、贈与の成立の時期が問題となるケースが見られます。書面による贈与は、その契約の効力の発生した時とされることから、不動産の贈与契約書が交わされた時に贈与が成立したかのように見受けられます。しかし、その後、贈与税の除斥期間

の6年を待って不動産の所有権移転登記を行おうと考える人もいない
わけではありません。不動産の所有権移転登記は、所有権移転の効力
要件ではなく、第三者に対する対抗要件ですから、このような事案に
おいて、不動産の贈与契約書が交わされた時に贈与が成立したと考え
るならば、税務当局は贈与税の除斥期間を経過したことにより贈与税
を課税できなくなります。このような事態に対応するため、登記情報
連携システムの活用などにより、所有権移転登記等の情報を収集・蓄
積し、税務調査を通じて事実関係の確認を行っています。贈与の成立
や契約内容を主張するためには贈与契約書の存在が欠かせません。贈
与契約書に公証役場の確定日付印の押印を行っておくことも一つの対
策です。

　もっとも、贈与税の申告を適切に行っていれば、税務調査において、
追及される場面は生じないといえます。

○贈与契約書の作成（参考：日本公証人連合会HP）

　私文書は、本人又は代理人の署名又は押印があるときは、真正
に成立したものと推定されます（民訴228④）。公証役場には「確定
日付印」が備えられ、その契約書に確定日付印が押印されると、
その契約書が確定日付印の日に存在したことの証明になります。
日にちを遡及して契約書を作成したものではないことを証明する
ためです。さらに、契約書を公正証書により作成することにより、
証拠力を高め契約がなかったことにされるリスクを低減すること
ができます。

　また、公文書は、文書の成立について真正であるとの強い推定
（形式的証明力）が働き、公証人が当事者の嘱託により作成した
文書には、公正の効力が生じ、反証のない限り、完全な証拠力を
有しております。このように公正証書は、極めて強力な証拠力を
有しております。

はじめに　23

（7）　贈与の認定に係る個別事件

○**事例1**

被相続人の妻名義の預金は、妻が自ら管理・運用をしていた事実があったとしても、被相続人に帰属する相続財産であるとされた事例（東京地判平20・10・17税資258・順号11053（控訴）・東京高判平21・4・16税資259・順号11182（棄却））

【事案の概要】

この事例は、平成13年4月15日に死亡したAの相続人であるX₁及びX₂（以下「Xら」といいます。）が相続税の申告をしたところ、税務署長から、申告において税額の計算の基礎とされなかったAの妻であるB名義の資産の一部はAの遺産であるなどとして、それぞれ相続税の更正処分及び過少申告加算税賦課決定処分を受けたため、Xらが、税務署長に対し、その処分の取消しを求めたものです。

【判示事項1】

財産の帰属の判定において、一般的には、当該財産の名義が誰であるかは重要な一要素となり得るものではあるが、我が国においては、夫が自己の財産を、自己の扶養する妻名義の預金等の形態で保有するのも珍しいことではないというのが公知の事実であるから、妻名義預金等の帰属の判定において、それが妻名義であることの一事をもって妻の所有であると断ずることはできず、諸般の事情を総合的に考慮して判断する必要がある。

【判示事項2】

被相続人以外の者の名義となっていた財産が相続開始時において被相続人に帰属するものであったか否かは、当該財産又はその購入原資の出捐者、当該財産の管理及び運用の状況、当該財産から生ずる利益の帰属者、被相続人と当該財産の名義人並びに当該財産の管理及び運用をする者との関係、当該財産の名義人がその名義を有することになった経緯等を総合考慮して判断するのが相当である。

【判示事項3】

被相続人Aの妻であるB名義の預金等については、BはA名義の有価証券や預金も主導的な立場で管理・運用をしていたことが認められるところ夫婦間においては妻が夫の財産を管理・運用することがさほど不自然なことではないこと、Xら及びその妻らとBとの関係が相当険悪でAは自分の死後のBの生活について金銭面の心配をして自己に帰属する財産をB名義にしておこうと考えたとしてもあながち不自然とはいい難いこと、AからBへの土地建物の生前贈与については贈与契約書を作成し税務署長に贈与税の申告書を提出していたのとは異なり預金等についてはそのような手続がとられていないことなどを考え合わせると、Bが自ら管理・運用をしていた事実があったとしても、B名義の預金等はAの相続開始時にはなお、Aに帰属していた相続財産であったと認められる。

【概　説】

本判決は、預貯金や有価証券の帰属について、贈与契約書が存在せず、贈与者の相続が開始し、贈与者の意思が確認できない場合、①購入原資の出捐者、②その財産の管理及び運用の状況、③その財産から生ずる利益の帰属者、④被相続人とその財産の名義人並びにその財産の管理及び運用をする者との関係、⑤その財産の名義人がその名義を有することになった経緯等、⑥贈与税申告の提出状況などの事実関係から総合的に判断しています。

○事例2

公正証書による贈与契約があったとしても、それが贈与税の負担回避のために作成されたと認められるときは、不動産の所有権移転登記手続がなされた時に不動産の贈与があったとされた事例（名古屋地判平10・9・11税資238・126（控訴）・名古屋高判平10・12・25税資239・1153（上告）・最判平11・6・24税資243・734（棄却））

【事案の概要】

　この事例は、税務署長が原告に対し不動産の贈与を受けたことを理由に、贈与税決定処分及び無申告加算税賦課決定処分をしたのに対し、原告が、上記不動産の贈与を受けたのは同処分よりも約8年前であるから、同処分は課税時期を誤った違法な処分であると主張して、その処分の取消しを求めたものです。

【事実関係】

・納税者の父は、昭和60年3月14日に不動産贈与契約公正証書を作成した。

・納税者は、平成5年12月13日に納税者の父から、本件不動産について、昭和60年3月14日贈与を原因として所有権移転の登記を受けた。

【判示事項1】

　公正証書による贈与契約があったとしても、それが贈与税の負担回避のために作成されたと認められるときは、その作成の時に書面による贈与がなされたとはいえず、登記手続がなされた時に贈与に基づく財産取得があったと解される。

【判示事項2】

　書面によらない贈与の場合にはその履行の時に贈与による財産取得があったとみるべきであり、不動産が贈与された場合には、不動産の引渡し又は所有権移転登記がなされた時にその履行があったと解されるところ、納税者は本件不動産に従前から居住しており、登記手続よりも前に本件不動産の贈与に基づき本件不動産の引渡しを受けたというような事情は認められないから、登記手続がなされた時をもって、本件不動産の贈与に基づく履行があり、その時点で納税者は本件不動産を贈与に基づき取得したとみるべきである。

【判示事項3】

　本件不動産は公正証書に記載された日に贈与があったとの納税者の

主張に対し、当該公正証書は、将来納税者に贈与税の負担がかからないようにするためにのみ作成されたもので、公正証書によって贈与がなされたものとは認められず、不動産の所有権移転登記手続がなされた時に不動産の贈与があったとみるべきである。

【概　説】

　本判決は、不動産の贈与契約書が贈与税の負担回避を目的に作成されたと認められるときは、公正証書に基づく贈与契約であっても、その作成の時に書面による贈与がなされたとはいえず、そうすると、書面によらない贈与に該当することから、不動産の所有権移転登記手続がなされた時に贈与があったと判断しています。贈与契約書と不動産の所有権移転登記までの間に、贈与税課税の除斥期間が経過しているときは、贈与の成立について、不動産の引渡しや所有権移転登記ができなかった事情の有無などの事実関係に基づき検討が行われ、公正証書に基づく贈与契約があっても、実態を伴わない形式的な文書と判断されることがあるといえます。

○事例3

　不動産贈与契約に係る公正証書による贈与が死因贈与である以上、その対象不動産が、被相続人の相続税の算定上、その相続財産になることは明らかであるとされた事例（京都地判平16・1・30税資254・順号9545（棄却）（確定））

【事案の概要】

　この事例は、平成9年12月10日に死亡したAの相続人である原告Xが、相続財産である土地建物のうち一部の不動産については、A死亡時において、Xがすでに生前贈与を受けたものであり、Xの所有に係る不動産であったにもかかわらず、税務署長は、その不動産は、Aの相続財産に当たるとして、本件更正処分等を行ったため、その処分の取消しを求めたものです。

はじめに

【事実関係】

・昭和57年2月12日付けで、①昭和56年12月15日、Aは、本件不動産をXに贈与することを約し、Xはこれを承諾した旨、②本件不動産の所有権は、上記契約の締結と同時にAよりXに移転するものとし、AはXから請求があり次第、速やかに本件不動産を引き渡し、所有権移転登記手続をしなければならないなどとする旨の不動産贈与契約公正証書が作成された。

・Xは本件公正証書が作成されてから、Aが死亡するまで自身への所有権移転登記を行わなかった。

【判示事項1】

　本件公正証書に記載された不動産は、本件公正証書により被相続人から納税者に生前贈与されたものであるから、被相続人の死亡に係る相続税の課税対象とはならないとの納税者の主張が、本件公正証書の作成当時、納税者と被相続人は、被相続人が当該不動産の所有権を直ちに納税者に移転させるのではなく、被相続人の死後、当該不動産を納税者に贈与するとの意思でかかる合意をしたもの、すなわち、死因贈与の契約をしたものと認めるのが相当であり、本件公正証書による贈与が死因贈与である以上、相続税の算定上、当該不動産が相続財産になることは明らかである。

【判示事項2】

　本件公正証書が作成された当時、被相続人及び納税者において相続税及び贈与税の回避目的以外に本件公正証書を作成する必要はなかったこと、被相続人は本件公正証書の内容と相容れない処分行為を行ったこと、被相続人の生前に本件公正証書の内容は一切履行されておらず、履行の準備がされた形跡もなかったこと、被相続人が本件公正証書に記載された不動産の支配管理をしていたこと、納税者には贈与税の支払能力がなかったこと等を理由として、本件公正証書は、贈与税

及び相続税逃れのために作成された無効なものであるとする被告税務署長の主張が、本件公正証書が存在する以上、通常は、被相続人と納税者の間のその内容に沿う贈与契約の表示行為があったものというべきであり、認定できる事実関係によれば、被相続人も納税者も、本件公正証書に記載された不動産の贈与をする意思がないのに、相続税及び贈与税の負担を免れる目的で本件公正証書の作成を依頼したとまでは到底認められない。

【概　説】

　本判決は、不動産の公正証書に基づく贈与契約を交わした後、贈与税課税の除斥期間が経過し、不動産の移転登記が行われずして、贈与者の相続が開始した事例について、本件公正証書は、贈与税及び相続税逃れのために作成された無効なものであるとする税務署長の主張が認められず、贈与者の死後、その不動産を相続人に贈与するとの意思で交わした死因贈与の契約をしたものと認めるのが相当であるとして、相続税の算定上、その不動産は相続財産になると判断しています。**事例2**と同様、不動産の公正証書に基づく贈与契約はありましたが、**事例2**が公正証書の作成の時に書面による贈与がなされたとはいえず所有権移転登記の時に贈与があったと判断しているのに対し、本事例は、公正証書の内容は生前贈与に係る贈与契約ではなく、贈与者の死亡によって効力が生ずる死因贈与契約であると判断しています。

第 1 章

財産別　贈与契約条項

30

第1章　財産別　贈与契約条項　　31

第1　現預金

1　現　金

第〇条　Aは、現金〇〇万円をBに贈与するものとし、Bはこれ
　　を承諾した。

【現金手渡しの場合】

第〇条　Aは、Bに対して第〇条記載の金額を令和〇年〇月〇日
　　に直接手渡すこととする。

【指定口座に入金する場合】

第〇条　Aは、第〇条に基づき贈与した現金を令和〇年〇月〇日
　　までにBが指定する下記口座に振り込むこととする。
　　　　　　　　　　　　　　　記
　　　　銀行名　　〇〇銀行
　　　　支店名　　〇〇支店
　　　　口座種類　普通預金
　　　　口座番号　〇〇〇〇〇〇〇
　　　　口座名義　B

ポイント

　現金を贈与する場合、いくらをどのような方法でいつまでに贈与す
るのかを贈与契約書に明記します。口頭でも贈与は成立しますが現金
での受渡しの場合、実際に贈与があったことを明らかにする証拠が残
りません。証拠が残らずとも申告義務がある場合は、申告を行うこと

はもちろんですが、贈与者の相続開始後、税務調査を受けた場合に贈与の事実の確認が困難となりますので、これに伴うリスクがあると思料します。

そのため、現金を贈与する際には、証拠を残すために贈与契約書を作成し受贈者の指定する口座を記載した上で金融機関に振り込む形で贈与します。

なお、口頭による贈与は実際に現金の引渡しを受けるまでは贈与契約を解除することができるため（民550）、不確定な部分がありますが、書面による贈与は贈与契約書の契約締結日が贈与の成立日になるため、贈与契約書を交わすことにより贈与契約の成立が確実なものとなります。

また、10万円超を現金で振込みを行う場合には、マネー・ローンダリング及びテロ資金供与対策のための国際的な要請を受け、「犯罪による収益の移転防止に関する法律」（平成19年法律22号）に基づき、金融機関に対し送金等の本人特定事項（氏名、住居、生年月日）、職業、取引を行う目的の確認等が義務付けられていることから（犯罪収益移転4）、多額の現金を移動しようとする場合は、あらかじめ金融機関に必要書類等の確認を行うことを勧めます。

第1章 財産別 贈与契約条項 33

2 預貯金

第○条 Aは、○○銀行○○支店普通預金口座番号○○○○○○
　○口座名義人Aの預金○○万円をBに贈与するものとし、Bは
　これを承諾した。
第○条 Aは、前条記載の金額をB指定の下記口座に令和○年○
　月○日に振り込むこととする。
　　　　　　　　　　　　記
　　銀行名　　○○銀行
　　支店名　　○○支店
　　口座種類　普通預金
　　口座番号　○○○○○○○
　　口座名義　B

ポイント

　預貯金を贈与する場合、贈与者のどの金融機関の口座から贈与した
かを明らかにするために、口座を特定する情報（金融機関名、支店、
種類、口座番号、口座名義人名）を贈与契約書に記載します。また、
金額、振込日、受贈者の受取先の口座の情報（金融機関名、支店、種
類、口座番号、口座名義人名）も記載します。

　インターネットバンキングやATMから振込みをする場合、金融機
関ごとに1日当たりの振込限度額が異なるため、贈与契約書を作成す
るまでに、振込予定口座の限度額を確認し、贈与する金額が1日の振
込限度額を超えている場合は、振込みの限度額の設定の変更を行うか、
数日に分けて贈与する旨を記載します。

3　名義預金

> 第○条　Aは、○○銀行○○支店普通預金口座番号○○○○○○
> ○口座名義人Bの預金債権○○万円をBに贈与するものとし、
> Bはこれを承諾した。
> 第○条　Aは、前条記載の預金の通帳、銀行印、キャッシュカー
> ドを本件贈与が成立後速やかに引き渡すこととする。

ポイント

　受贈者（子）名義の預貯金口座を作成し、受贈者（子）の将来の資金のために贈与者（親）が預貯金をしていた状態で相続が開始した場合、その預貯金の帰属について共同相続人間で争いになったり、税務調査においてその預貯金は贈与者（親）の名義預金と判断されるリスクがあります。

　そのため、贈与者（親）から受贈者（子）名義の預貯金を受贈者（子）に渡す場合は贈与が行われたことを証明する贈与契約書を作成し、贈与の対象となる預貯金の金融機関名、支店名、種類、口座番号、口座名義人名、預金債権の額を記載します。

　また、贈与が成立した時点で受贈者が預貯金を自由に使用・管理ができる状態にする必要があるため、贈与契約書に、預貯金の通帳、銀行印、キャッシュカードを引き渡す旨を記載します。

第1章　財産別　贈与契約条項　35

第2　不動産等

4　土　地

第○条　Aは、その所有する下記の不動産をBに贈与し、Bはこれを承諾した。

記

　　所在　　○○県○○市○○町○丁目
　　地番　　○番○
　　地目　　宅地
　　地積　　○○m²

第○条　AはBに対し、令和○年○月○日までに本件不動産を引き渡し、かつその所有権移転登記手続を行う。所有権移転登記手続に必要な一切の費用はBの負担とする。

ポイント

　土地の贈与に関する所有権移転登記については、売買契約と同様に法律上義務付けられてはいません。しかし、贈与契約における登記は所有権移転の対抗要件となります（民177）。受贈者の権利を保全するためにも贈与契約書には、贈与の対象となる土地について、登記申請時に必要な情報（所在、地番、地目、地積）を記載します（不登34①）。また、引渡しの期限、所有権移転登記の期限に関しても明記します。

　なお、固定資産税は毎年1月1日時点で所有者に課税され、不動産売買契約では取引慣行として、年の途中で売買する場合は売り手と買い手の間で精算することが一般的ですが、贈与の場合は、あえて精算を行わない例も多々見られます。

　さらに、土地の評価については、その用途によって評価の方法が定められており、宅地（建物の敷地）であれば地域によって路線価方式若しくは倍率方式によって評価するものとされています（評基通11）。

5 建 物

第○条　Aは、その所有する下記の不動産をBに贈与し、Bはこ
　　れを承諾した。

記

家　屋
　　所在　　　　○○県○○市○○町○丁目○番○
　　家屋番号　○○（未登記建物の場合：未登記建物）
　　種類　　　居宅
　　構造　　　木造スレート葺2階建
　　床面積　　1階　○○.○○m^2
　　　　　　　2階　○○.○○m^2
第○条　AはBに対し、令和○年○月○日までに本件不動産を引
　　き渡し、かつその所有権移転登記手続を行う。所有権移転登記
　　手続に必要な一切の費用はBの負担とする。

ポイント

　建物を贈与する場合は、登記事項証明書の表題部に記載された情報
を贈与契約書に記載します。未登記建物の場合は、固定資産税の課税
明細書等に記載された情報を記載します。なお、登記されている建物
に関して、受贈者が第三者への対抗要件を備えるためには、贈与によ
る所有権の移転登記を行います。また、未登記建物に関しては、建物
の表題登記（不登47①）をした後、権利部の甲区に所有権保存登記（不登
74①）を行います。

　家屋の評価については、原則として、その家屋の固定資産税評価額

に1.0を乗じて計算した金額によって評価するものとされています（評基通89）。

　建築中の家屋の場合には、固定資産税評価額が付けられていません。そこで、建築中の家屋の価額は、その家屋の費用現価の70％に相当する金額によって評価するものとされています（評基通91）。

6 土地の共有持分

> 第○条 Aは、その所有する下記の不動産の共有持分4分の3の
> うち持分4分の1をBに贈与するものとし、Bはこれを承諾し
> た。
>
> 記
>
> 所在 ○○県○○市○○町○丁目
> 地番 ○番○
> 地目 宅地
> 地積 ○○m²
> 持分 4分の3
>
> 第○条 AはBに対し、第○条記載の財産を令和○年○月○日ま
> でに引き渡し、かつその所有権移転登記手続を行う。所有権移
> 転登記手続に必要な一切の費用はBの負担とする。

ポイント

　共有状態にある不動産をそのまま贈与する場合には、共有者全員の
同意が必要となります。

　しかし、不動産の共有持分に関して、各共有者は自分の持分を他人
に贈与することはできます。また、他人に持分を贈与する場合は必ず
しもその持分全てを対象にする必要はなく、自分の持分を、更に細か
く分けて他人に贈与することが可能です。共有持分を贈与する際、他
の共有者の許可は不要で、当事者の意思で自由に贈与することが可能
です。

　贈与契約書には、共有持分の全てを贈与する場合、「共有持分○分の
○の全てを贈与する。」と記載します。また共有持分の一部を贈与す

第1章　財産別　贈与契約条項　　39

る場合「共有持分○分の○のうち持分○分の○を贈与する。」と記載します。

　土地を細分化して、暦年贈与の基礎控除額110万円を超えない範囲で数年や数人に分けて贈与することにより、贈与税の負担を減らすことが可能になります。この場合、登録免許税及び不動産取得税が贈与の都度、発生しますので、その負担も考慮して贈与を行う必要があります。

　また、不動産が共有状態で共同相続人の相続が開始すると、亡くなった者の相続人が新たに共同相続人となるので、共有者が増えるほど新たな共同相続人が増えるため、その不動産の売却や賃貸する場合など、共有者間の合意を得ることが難しくなります。

7 借地権付き建物

第○条　Aは、その所有する下記の不動産を、その敷地の借地権と共にBに贈与し、Bはこれを承諾した。

記

1　家　屋

　　所在　　　　○○県○○市○○町○丁目○番○

　　家屋番号　○○

　　種類　　　居宅

　　構造　　　木造スレート葺2階建

　　床面積　　1階　○○.○○m^2

　　　　　　　2階　○○.○○m^2

2　上記1の建物の敷地に対する借地権

　　所在　　　○○県○○市○○町○丁目

　　地番　　　○番○

　　地目　　　宅地

　　地積　　　○○m^2

　　賃貸人　○○○○（○○県○○市○○町○丁目○番○号）

第○条　Aは、本契約成立後速やかに、本件建物の敷地につき、土地の所有権者から借地権譲渡の承諾書を取得し、贈与契約書と共にBにこれを交付する。

2　Aが、前項の承諾を得られないときは、Aは○○裁判所に対し、賃貸人の承諾に代わる許可の申立てをする。

3　賃貸人の承諾を得るために要する費用に関しては全てBの負担とする。

第○条　Aが、賃貸人の承諾書を取得できず、かつ、裁判所の許

第1章　財産別　贈与契約条項　　41

可を得られなかったときは、本契約は自動的に解除されたもの
とする。
第〇条　ＡはＢに対し、令和〇年〇月〇日までに本件不動産を引
き渡し、かつその所有権移転登記手続を行う。所有権移転登記
手続に必要な一切の費用はＢの負担とする。

ポイント

　借地上の建物の贈与をする場合、建物と併せて借地権も贈与する必
要があります。借地権を第三者に贈与する場合、地主の承諾が必要と
なるため、贈与者が地主から承諾を得る旨を贈与契約書に記載します。
また、地主が正当な理由なく借地権の贈与を承諾しない場合は、裁判
所へ借地権の贈与の許可を求めていくことになりますのでその旨も記
載します（借地借家19）。借地権を移すことができない場合は、受贈者
は贈与を受けた建物に住むことができなくなるため、契約が自動的に
解除になる旨を記載します。

　借地権付き建物の評価額は、家屋の固定資産税評価額に1.0を乗じ
て計算した金額となります。また、借地権の評価額は、借地権の目的
となっている宅地が権利の付着していない自用地（他人の権利の目的
となっていない場合の土地で、いわゆる更地をいいます。）としての価
額に借地権割合を乗じて求めます。この借地権割合は、借地事情が類
似する地域ごとに定められており、路線価図や評価倍率表に表示され
ています。

8 マンション（区分建物）

【マンション（敷地権登記あり）】

第〇条　Aは、その所有する下記の不動産をBに贈与し、Bはこ
れを承諾した。

記

（一棟の建物の表示）

　　所在　　　　　〇〇県〇〇市〇〇町〇丁目〇番〇

　　建物の名称　〇〇

（敷地権の目的たる土地の表示）

　　土地の符号　　　〇

　　所在及び地番　〇〇県〇〇市〇〇町〇丁目〇番〇

　　地目　　　　　　宅地

　　地積　　　　　　〇〇m^2

（専有部分の建物表示）

　　家屋番号　　　〇〇

　　建物の名称　　〇〇

　　種類　　　　　居宅

　　構造　　　　　鉄筋コンクリート造〇階建

　　床面積　　　　〇階部分　〇〇.〇〇m^2

（敷地権の表示）

　　土地の符号　　　〇

　　敷地権の種類　所有権（賃借権、地上権）

　　敷地権の割合　〇分の〇

【マンション（敷地権登記なし）】

第〇条　Aは、その所有する下記の不動産をBに贈与し、Bはこ
れを承諾した。

第1章　財産別　贈与契約条項　　　43

記

1　土　地
　　所在　〇〇県〇〇市〇〇町〇丁目
　　地番　〇番〇
　　地目　宅地
　　地積　〇〇m^2
　　（贈与者の持分　〇分の〇）
2　区分建物
　　建物の名称　〇〇
　　（一棟の建物の表示）
　　所在　　　　〇〇県〇〇市〇〇町〇丁目〇番〇
　　建物の名称　〇〇
　　（専有部分の建物表示）
　　家屋番号　　〇〇
　　建物の名称　〇〇
　　種類　　　　居宅
　　構造　　　　鉄筋コンクリート造〇階建
　　床面積　　　〇階部分　〇〇.〇〇m^2

第〇条　Aは、第〇条に基づき贈与した財産を、Bに令和〇年〇
　　月〇日までに引き渡すものとする。また、その所有権移転登記
　　を行う。所有権移転登記に関する一切の費用はBの負担とす
　　る。

ポイント

贈与の対象となるマンション（区分建物）に敷地権が付いているか

否かにより、贈与契約書に記載する内容が異なります。敷地権付きのマンション（区分建物）に関しては、土地（敷地権）と建物が一体として登記されているため、区分建物の登記事項証明書を取得の上、表題部に記載の事項を贈与契約書に記載します。また、敷地権の種類が賃借権又は地上権の場合は、贈与をする際に地主の承諾が必要となります（ただし、贈与に関して承諾が不要の特約が付いている場合を除きます（前掲7参照）。）。

　敷地権がないマンションに関しては、土地と建物が別々に登記されているため、それぞれの登記事項証明書を取得し、表題部に記載された事項を贈与契約書に記載します。土地に関しては、贈与者の持分を権利部（甲区）で確認の上記載します。

　マンションの修繕積立金や管理費に関しては、多くの場合、マンションの管理規約に、「納付した管理費や使用料などについて、その返還や分割請求を行えない」という旨の記載があります。そのため、贈与が行われた場合、贈与者は修繕積立金の返還を求めることができず、贈与後、受贈者が引き続き修繕積立金、管理費を支払うケースが一般的です。しかしながら、マンションごとの管理組合によって規約が異なるため、贈与時の取扱いに関しては事前に管理組合に確認しておいた方がよいでしょう。

　マンションの評価については、区分建物の価額（固定資産税評価額）と敷地利用権の価額（路線価を基とした$1\,m^2$当たりの価額に地積及び敷地権の割合を乗じて求めた価額）の合計額となります。なお、令和6年1月1日以後の贈与である場合には、それぞれの評価額に、マンションの総階数や所在階数などによって求めた一定の区分所有補正率を乗じて評価します（マンション通達）。

9 賃貸建物

第〇条 Aは、その所有する下記の賃貸建物をBに贈与し、Bは
これを承諾した。

記

家 屋
　所在　　　〇〇県〇〇市〇〇町〇丁目〇番〇
　家屋番号　〇〇
　種類　　　居宅
　構造　　　〇〇
　床面積　　〇〇.〇〇m^2

【地代を発生させる場合】
第〇条 Bは、上記建物の底地に関して、Aとの間で別途作成し
た賃貸借契約書記載の内容に従い地代として毎月月末にAの指
定の口座に月〇万円を支払うこととする。

【地代を発生させない場合】
第〇条 AはBに対して、上記建物の底地に関して無償で使用さ
せることとする。

【賃借人がいる場合】
第〇条 A、Bは協力して令和〇年〇月〇日までに賃貸人の変更
を賃借人に通知するものとする。
第〇条 賃借人〇〇〇〇に対する敷金返還債務を承継するため、
AはBに対し、敷金分として金〇円を支払うものとする。

第〇条 AはBに対し、令和〇年〇月〇日までに本件不動産を引

き渡し、かつその所有権移転登記手続を行う。所有権移転登記手続に必要な一切の費用はBの負担とする。

ポイント

　賃貸建物のみを贈与する場合、土地の所有者と建物の所有者が異なる形となります。土地に関して贈与者と受贈者の間に地代が発生する場合は、別途賃貸借契約書を交わし、地代の支払に関して決定しその内容を贈与契約書にも記載します。この場合、受贈者は底地上の建物の名義変更をすることで当該底地の借地権の対抗要件を具備することとなります（借地借家10①）。親子間等の贈与で地代が発生しない場合は、底地に関しては使用貸借の関係となります（民593）。

　賃貸不動産を贈与する際、賃借人の承諾は不要のため、賃貸不動産を贈与することを贈与者と受贈者が合意することにより当然に受贈者に賃貸人の地位が移ることになります（民605の3）。また、贈与による所有権移転登記を行うことにより、賃借人及び第三者への対抗要件を具備します（民605・605の2③）。とはいえ、受贈者と賃借人との間でトラブルが生じることを防ぐためにも、贈与者と受贈者が協力して賃借人に賃貸人が変更した旨を通知します。

　贈与により賃貸人の地位が移転するとき、敷金返還債務と必要費・有益費の償還債務が受贈者に承継されます（民605の2④）。この場合、負担付贈与となるため、その不動産の贈与の評価額は固定資産税評価額ではなく、時価（市場流通評価）となります。このため、受贈者に負担を与えたくない場合は、敷金分を贈与する旨を贈与契約書に記載することで負担付贈与ではないものとします。

　貸家の評価については、次の算式により評価するものとされています（評基通93）。

（算式）家屋の価額 － 家屋の価額 × 借家権割合（30％）× 賃貸割合

第1章 財産別 贈与契約条項 47

10 農 地

第○条 Aは、その所有する下記の不動産をBに贈与し、Bはこ
れを承諾した。

記

所在 ○○県○○市○○町○丁目

地番 ○番○

地目 田

地積 ○○m^2

第○条 AはBに対し、令和○年○月○日までに本件不動産を引
き渡し、かつその所有権移転登記手続を行う。また、農業委員
会の許可証も併せて交付する。所有権移転登記手続に必要な一
切の費用はBの負担とする。

ポイント

農地を贈与するためには、農業委員会又は県知事の許可を受ける必
要があります（農地3）。農地法3条の許可の判断基準に適合しない場
合は、許可証が交付されず贈与をすることができないため、贈与契約
書を作成する前に、農業委員会に許可申請をします。農地法3条の主
な許可基準は以下の全てを満たす必要があります。

・申請農地を含め、所有している農地又は借りている農地の全てを効
率的に耕作すること（効率利用要件）

・申請者又は世帯員等が農作業に常時従事すること（農作業常時従事
要件）

・申請農地の周辺の農地利用に影響を与えないこと（地域との調和要
件）

・法人の場合は、以上に加えて、農地所有適格法人の要件を満たすこと（農地所有適格法人要件）

　贈与契約書作成後、法務局で贈与による所有権移転登記を行いますが、その際に農業委員会の許可証が必要となります。

　農地の贈与において一定条件を満たすことで、農地を贈与した際の贈与税の納税猶予の特例を受けることができます。

　農地に関しては、純農地、中間農地、市街地周辺農地、市街地農地の４種類に区分して評価されます。純農地及び中間農地の価額は、倍率方式によって評価します（評基通37・38）。

　倍率方式とは、その農地の固定資産税評価額に、国税局長が定める一定の倍率を乗じて評価する方法をいいます。

　市街地周辺農地の価額は、その農地が市街地農地であるとした場合の価額の80％に相当する金額によって評価します（評基通39）。

　市街地農地の価額は、宅地比準方式又は倍率方式により評価します。宅地比準方式とは、その農地が宅地であるとした場合の１m²当たりの価額からその農地を宅地に転用する場合にかかる通常必要と認められる１m²当たりの造成費に相当する金額を控除した金額に、その農地の地積を乗じて計算した金額により評価する方法をいいます（評基通40）。

第1章　財産別　贈与契約条項　　49

11　森林・山林

> 第○条　Aは、その所有する下記の不動産をBに贈与し、Bはこ
> れを承諾した。
> 　　　　　　　　　　　　記
> 　所在　○○県○○市○○町○丁目
> 　地番　○番○
> 　地目　山林
> 　地積　○○m²
> 第○条　AはBに対し、令和○年○月○日までに本件不動産を引
> 　き渡し、かつその所有権移転登記手続を行う。所有権移転登記
> 　手続に必要な一切の費用はBの負担とする。

ポイント

　都道府県が策定する地域森林計画の対象となっている森林・山林の
贈与を受けた場合は、90日以内に市町村長へ所有者の届出をする必要
があります（森林10の7の2）。届出をしない、又は虚偽の届出をしたと
きは、10万円以下の過料が科されることがあります（森林213）。

　山林の境界等を明らかにするために、贈与時に公図、地積測量図、
森林簿を取得し確認の上、受贈者に交付します。

　山林は、純山林、中間山林、市街地山林の三つの区分で評価されま
す（評基通45）。

　純山林の価額は、その山林の固定資産税評価額に、地勢、土層、林
産物の搬出の便等の状況の類似する地域ごとに、その地域にある山林
の売買実例価額、精通者意見価格等を基として国税局長の定める倍率
を乗じて計算した金額によって評価されます（評基通47）。

第1章　財産別　贈与契約条項

　中間山林の価額は、その山林の固定資産税評価額に、地価事情の類似する地域ごとに、その地域にある山林の売買実例価額、精通者意見価格等を基として国税局長の定める倍率を乗じて計算した金額によって評価されます（評基通48）。

　市街地山林の価額は、その山林が宅地であるとした場合の $1\,\mathrm{m}^2$ 当たりの価額から、その山林を宅地に転用する場合において通常必要と認められる $1\,\mathrm{m}^2$ 当たりの造成費に相当する金額として、整地、土盛り又は土止めに要する費用の額がおおむね同一と認められる地域ごとに国税局長の定める金額を控除した金額に、その山林の地積を乗じて計算した金額によって評価されます。

　なお、その市街地山林の固定資産税評価額に地価事情の類似する地域ごとに、その地域にある山林の売買実例価額、精通者意見価格等を基として国税局長の定める倍率を乗じて計算した金額によって評価することもできます。この場合、その倍率が定められている地域にある市街地山林の価額は、その山林の固定資産税評価額にその倍率を乗じて計算した金額によって評価されます。

　また、その市街地山林について宅地への転用が見込めないと認められる場合には、その山林の価額は、近隣の純山林の価額に比準して評価します（評基通49）。

第1章　財産別　贈与契約条項　　51

12　立　木

第○条　Aは、その所有する下記の立木をBに贈与し、Bはこれ
を承諾した。

記

○○県○○郡○○村大字○○番地

山林○○a

同地上

立木　樹種　○○

　　　材積　○○万石

　　　本数　○○万本

　　　樹齢　○○年生以上○○年生以下

ポイント

　樹木の集団に関しては、その所有者が保存登記をすることにより、
1筆の土地又は1筆の土地の一部分に生立する樹木の集団に関して、
土地とは分離して不動産とみなすとされています（立木法1①・2①）。
そのため、土地とは別に立木に対して、所有権、抵当権を設定するこ
とができます。立木に所有権の保存登記が設定されている場合は、贈
与契約の際に、第三者に対抗するためにも所有権の移転登記も行いま
す。

　集団ではない立木や木になる果実等については、登記ができないた
め、第三者に対抗するための登記に代わる公示方法として慣行上、明
認方法が行われています。明認方法とは、立木の木の皮を削って所有
者の名前を書いたり、立て札を立てたり、ロープで括ったりして誰の

所有なのかを示す形で行われます。贈与契約書の締結とともに、受贈者は明認方法も行います。

　立木（民有林のうち地域森林計画で定められた区域内の森林）の贈与を受け伐採を行う場合は、森林法10条の8の規定により、その伐採前に「伐採及び伐採後の造林の届出書」を市町村長に事前に提出しなければなりません。また、1ha超の林地開発を行う場合は知事の許可が必要です。保安林では、立木の伐採等及び土地の形質の変更について、知事の許可等が必要になります。無届出の場合、150万円以下の罰金が科されることがあります（森林207）。

第1章 財産別 贈与契約条項 53

13 構築物

第○条 Aは、その所有する下記の構築物をBに贈与し、Bはこれを承諾した。

記

所在 ○○県○○市○○町○丁目○番○
構築物名 コインパーキング
構造 （ロック式、ゲート式、ロックレス式、前払式）
広さ ○○m²
第○条 Aは、その所有する前条記載の構築物を令和○年○月○日に引き渡すこととする。

ポイント

構築物とは、建物や建物附属設備以外の土地の定着物のことをいいます。

民法では「土地及びその定着物は、不動産とする。」と定められているため、構築物は不動産に該当します（民86①）。しかしながら、不動産登記法2条においては、不動産は、「土地又は建物をいう。」と定められているため、構築物は登記の対象となりません。そのため、構築物の第三者対抗要件は、動産と同様に扱われます。

このことから、構築物は引渡し時に対抗要件を備えると考えられ（民178）、贈与契約書に構築物の引渡し日を記載します。また、構築物が特定できるように、所在、名称、構造、広さ等を記載します。

第3 株式・有価証券等

14 上場株式（株券電子化後）

第〇条　Aは、その所有する下記の上場株式をBに贈与し、Bは
これを承諾した。

記

銘柄コード　〇〇〇〇

銘柄　　　　〇〇

種類　　　　普通株式

株数　　　　〇〇株

保有口座　　〇〇証券会社

第〇条　Aは、Bへの名義変更手続に協力するものとし、名義変
更に係る費用はBが負担するものとする。

ポイント

　上場株式は証券取引所にて売買が可能な有価証券をいい、数千銘柄
の株式が存在します。そのため、銘柄を特定する旨の記載をする必要
があるほか、贈与者が複数の証券会社にて同銘柄の上場株式を保有し
ている場合には、贈与の対象とする株式を保有している証券会社の記
載も必要となります。

　また、後々のトラブル防止のために、名義変更手続についての記載
もした方がよいでしょう。

　さらに、名義変更につき受贈者側でも贈与者の保有口座と同じ証券
会社等の口座が必要となることが多いため、あらかじめ口座開設して

第1章　財産別　贈与契約条項　　55

おくとよいでしょう。

　上場株式の評価については、対価の支払がない場合には、贈与時の最終価格、贈与時の属する月以前3か月間の各月ごとの平均額の四つの価格のうち、最も低い価格によって評価するものとされています(評基通169)。

15 上場株式（株券電子化前）

第○条　Aは、その所有する下記の上場株式をBに贈与し、Bは
これを承諾した。

記

　　銘柄コード　○○○○
　　銘柄　　　　○○
　　種類　　　　普通株式
　　株数　　　　○○株
　　保有口座　　○○信託銀行　特別口座

第○条　Aは、Bへの名義変更手続に協力するものとし、名義変
更に係る費用はBが負担するものとする。

ポイント

　証券会社で保有（株券電子化）していない上場株式については、売
買取引が可能な証券会社等の証券口座ではなく、信託銀行等の金融機
関（株主名簿管理人）の特別口座にて記録されています。

　そのため、名義変更手続については、株主名簿管理人への株主名簿
書換手続が必要となります。

　株券電子化（株式のペーパーレス化）とは、社債、株式等の振替に
関する法律により平成21年１月５日より実施された「上場会社の株式
等に係る株券をすべて廃止し、株券の存在を前提として行われてきた
株主権の管理を、証券保管振替機構及び証券会社等の金融機関に開設
された口座において電子的に行うこととするもの」です（金融庁HP「株
券電子化について」）。

第 1 章　財産別　贈与契約条項　　57

16　非上場株式

第〇条　Aは、その所有する下記の株式をBに贈与し、Bはこれ
　　を承諾した。

記

　　種類　　〇〇株式会社（本店所在地：〇〇県〇〇市〇〇町〇丁
　　　　　　目〇番〇）の譲渡制限付株式
　　株数　　〇〇株
第〇条　Aは、Bへの名義変更手続に協力するものとし、名義変
　　更に係る費用はBが負担するものとする。

ポイント

　非上場株式は証券取引所に上場されていない有価証券をいい、一般
的には会社の定款において譲渡制限の規定が設けられています。その
ため、非上場株式を贈与する場合には、対象の非上場会社に対して、
譲渡承認を得る必要があります（会社136）。

　また、贈与の対象となる非上場株式の名義変更手続については、第
三者への対抗要件を充足するため、株主名簿書換手続が必要となりま
す（会社130）。

　非上場株式の評価については、会社の規模により純資産価額、類似
業種比準価額を用いて評価するものとされています（評基通179）。

　なお、議決権割合が5％未満で一定の場合においては、年配当金額
を基に算出する配当還元方式により評価するものとされています。

17 新株予約権（ストックオプション）

> 第〇条　Aは、その所有する下記の株式をBに贈与し、Bはこれ
> を承諾した。
>
> 記
>
> 　銘柄　　　　　　　〇〇
> 　種類　　　　　　　新株予約権
> 　個数　　　　　　　〇〇個
> 　新株予約権証券番号　〇〇〇〇
> 第〇条　Aは、Bへの名義変更手続に協力するものとし、名義変
> 更に係る費用はBが負担するものとする。

ポイント

　新株予約権とは、権利行使可能期間になると権利を行使してあらか
じめ設定された価額で株式を取得することができる権利(会社2二十一)
をいい、新株予約権の保有者はその有する新株予約権を譲渡すること
ができます（会社254）。

　また、新株予約権の名義変更手続については、第三者への対抗要件
を充足するため、新株予約権原簿の書換手続が必要となります（会社
249）。

　なお、無記名式の新株予約権証券が発行されている場合には、新株
予約権原簿の書換手続は不要となります。

　新株予約権の贈与時の評価額は、対象の株式の価額から権利行使価
額を控除した金額に、新株予約権1個の行使により取得することがで
きる株式数を乗じて計算した金額となります（評基通193－2）。

第1章　財産別　贈与契約条項　　59

18　国　債

第○条　Aは、その所有する下記の国債をBに贈与し、Bはこれ
を承諾した。

記

銘柄　　　個人向け国債
種類　　　○○金利型○○年満期
回号　　　第○○回債
発行日　　令和○年○月○日
償還期限　令和○年○月○日
額面金額　○○万円
保有口座　○○銀行（証券会社）
第○条　Aは、Bへの名義変更手続に協力するものとし、名義変
更に係る費用はBが負担するものとする。

ポイント

国債は国が発行する債券をいい、個人向け国債と新窓販国債があり
ます。これらの主な違いは、次のとおりです。
① 　個人向け国債
購入対象者が個人に限定
市場売却不可（満期償還・中途換金）
② 　新窓販国債
購入対象者が個人に制限なし
市場売却が可能
具体的にどの国債を贈与するのかを特定するため、贈与契約書に種
類・回号・発行日・償還期限等の記載が必要となります。

60　　　第1章　財産別　贈与契約条項

　また、名義変更については、基本的には受贈者側でも贈与者の保有
口座と同じ金融機関の口座が必要となることが多いですが、金融機関
によって取扱いが異なる場合があるため、あらかじめ確認しておくと
よいでしょう。

　個人向け国債の贈与時の評価額は、次に掲げる算式により計算した
金額です（評基通197－2）。

（算式）額面金額　＋　経過利子相当額　－　中途換金調整額

　新窓販国債の贈与時の評価額は、次に掲げる算式により計算した金
額です（評基通197－2）。

（算式）贈与日における市場価格　＋　既経過利息額（源泉所得税控除後）

第1章　財産別　贈与契約条項　　　61

19　社　債

> 第○条　Aは、その所有する下記の社債をBに贈与し、Bはこれ
> を承諾した。
>
> 記
>
> 　　銘柄　　　○○
> 　　種類　　　普通社債
> 　　回号　　　第○○回債
> 　　発行日　　令和○年○月○日
> 　　償還期限　令和○年○月○日
> 　　券面金額　○○万円
> 　　保有口座　○○証券会社
> 第○条　Aは、Bへの名義変更手続に協力するものとし、名義変
> 　更に係る費用はBが負担するものとする。

ポイント

　社債は法人が資金調達のため発行する債券をいいます。社債には
様々な種類の債券が存在し、原則として自由に譲渡することができま
す（民466）。

　また、社債の名義変更手続として、第三者への対抗要件を充足する
ため、社債原簿の書換手続が必要となります（会社688）。

　なお、無記名式の社債が発行されている場合には、社債原簿の書換
手続は不要となります。

　社債の評価については、基本的には市場価格や発行価額を基に既経
過利息を加味して評価することとされています（評基通197-2）。

20 投資信託

第〇条　Aは、その所有する下記の投資信託をBに贈与し、Bは
　これを承諾した。

記

　　銘柄　　　〇〇
　　口数　　　〇〇口
　　保有口座　〇〇証券会社
第〇条　Aは、Bへの名義変更手続に協力するものとし、名義変
　更に係る費用はBが負担するものとする。

ポイント

　投資信託は、受益証券の券面の発行はされず、振替口座簿にて電子
的に管理されています。

　なお、投資信託を贈与する場合には、上場株式同様、名義変更につ
き受贈者側でも贈与者の保有口座と同じ証券会社等の口座が必要とな
ることが多いですが、あらかじめ口座開設しておくとよいでしょう。

　投資信託の贈与時の評価額は、解約請求等することとした場合に証
券会社等から支払を受ける金額となります（評基通199）。

21　合同会社の出資持分

第〇条　Aは、その所有する下記の出資持分をBに贈与し、Bは
　これを承諾した。

記

　社名　　〇〇合同会社

　種類　　出資持分

　出資額　〇〇万円

第〇条　Aは、Bが第〇条記載の出資持分の贈与により社員にな
　る旨を、遅滞なく定款に記載する。

ポイント

　合同会社は株式会社と同様に有限責任となりますが、株式会社に比べて設立費用が安価であることから一定の需要があります。しかし、出資者が一人で、相続が発生した際は、その出資持分を相続できず、一度会社を清算する必要がある（会社607①三）など、円滑な事業承継に問題がないわけではありません。

　そこで、定款に出資持分の承継についての規定を記載しておくことや、出資持分を生前贈与するなどの検討が必要となってきます。

　なお、出資持分贈与については定款の内容を書き換える必要（社員の追加）があるため、贈与契約書にもその旨を記載します。

　また、受贈者が代表社員等となった場合には、登記が必要となります。

　合同会社の出資持分の贈与による評価額は、取引相場のない株式の評価方式に準じて算定します（評基通194）。

22 医療法人の出資持分

第〇条 Aは、その所有する下記の出資持分をBに贈与し、Bは
これを承諾した。

記

医療法人名 〇〇
種類 出資持分
出資額 〇〇万円
第〇条 Aは、当該出資持分の贈与に係る移動について、遅滞な
く出資者名簿に記載する。

ポイント

医療法人は医療法改正により、平成19年4月1日以降出資持分なし
の医療法人しか設立ができなくなりました（新法の医療法人）が、依
然として従前の出資持分ありの医療法人（経過措置型医療法人）が多
く存在しています。

経過措置型医療法人については、事業承継対策などの観点から、そ
の出資持分の贈与が可能です。

また、合同会社とは異なり、出資持分のある医療法人の社員の地位
は出資持分と必ずしも一致しなくともよく、出資持分を全く有しない
社員も存在し得ます。

出資持分の贈与を行ったときは出資者名簿の内容を書き換える必要
があるため、贈与契約書に出資持分の贈与に係る移動について、遅滞
なく出資者名簿に記載する旨を記載します。

なお、受贈者が社員となった場合には、定款及び社員名簿への記載
が必要となります。

第1章　財産別　贈与契約条項　　65

　医療法人の出資の贈与による評価額は、取引相場のない株式の評価方式に準じて計算します。つまり、医療法人の規模により、類似業種比準方式、類似業種比準方式と純資産価額方式との併用方式及び純資産価額方式により評価することとなります。

　なお、医療法人は剰余金の配当が禁止されていることから配当還元方式による評価は適用できないことや、社員の議決権が平等であるなどの特色を有していますので、取引相場のない株式の評価方式と異なる部分があります。

　また、医療法人であっても、その法人が比準要素数1の会社、株式保有特定会社、土地保有特定会社、開業後3年未満の会社等又は開業前又は休業中の会社に該当する場合は、それらの特定の評価会社の株式の評価方法に準じて評価することになります（評基通194-2）。

23 匿名組合の出資持分（権利）

第〇条 Aは、その有する下記の匿名組合契約に係る契約者としての権利をBに贈与し、Bはこれを承諾した。

記

契約締結日 令和〇年〇月〇日

契約終了日 令和〇年〇月〇日

営業者 〇〇

出資額 〇〇万円

第〇条 Aは、第〇条記載の権利の贈与に係る事実を営業者に通知し、Bが新たに契約者となるための手続に協力するものとする。

ポイント

匿名組合は商法535条に規定された契約形態であり、匿名組合員が営業者に出資をして、営業者によって生み出された利益の分配を受けることを約する契約をいい、匿名組合自体に法人格はありません。

また、匿名組合員の出資は営業者の財産に属することから（商536）、贈与の対象となる出資持分は、厳密には利益の分配を請求する権利及び出資額の返還金を請求する権利といえます。

なお、匿名組合に係る権利の贈与については、匿名組合契約書を書き換える（締結し直す）必要があるため、贈与契約書にもその旨記載します。

匿名組合に係る権利の贈与の評価額は、課税時期（贈与時）において匿名組合契約が終了したと仮定した場合の分配を受ける清算金相当額となります（評基通185）。

第1章 財産別 贈与契約条項 67

第4 動 産

24 金地金

> 第○条 Aは、下記の金地金をBに贈与するものとし、Bはこれ
> を承諾した。
>
> 記
>
> 品名　　　金地金（インゴット）
> 製造番号　A○○○○○○
> 購入金額　○○万円
> 購入日　　令和○年○月○日
> 購入場所　○○県○○市○○町○丁目○番○

ポイント

　金地金（インゴット、ゴールドバー）を贈与する際には、贈与契約
書に、金地金購入時の計算書に記載された製造番号や購入金額などを
明記します。また、計算書も贈与の際に受贈者に渡します。なお、計
算書を紛失している場合は、分かる範囲で記載します。

　受贈後金地金を売却する場合、金地金の売却価格からその取得価額
を差し引いた差額が譲渡所得税の対象とされます。売却時に取得価額
が不明なときは、その取得価額は売却価格の5％で計算します。つま
り、売却価格の95％が課税対象となるわけです。そのため、贈与者は、
受贈者に対し、計算書を大切に保管し、贈与時には必ず受贈者に渡し、
保管するように伝えましょう。

　金地金の贈与時の評価額は、一般動産として、売買実例価額や精通
者意見価格等を参酌した額となります（評基通129）。

25 貴金属

第〇条　Aは、下記の貴金属をBに贈与するものとし、Bはこれを承諾した。

記

品名　　　〇〇

重さ　　　〇〇g

購入日　　令和〇年〇月〇日

購入場所　〇〇

購入金額　〇〇万円

査定価格　〇〇万円

査定日　　令和〇年〇月〇日

査定業者　〇〇

ポイント

　一般に貴金属とは、金、銀、プラチナ、パラジウム、ロジウム、ルテニウム、オスミウム及びイリジウムの合計8種類をいいます。

　貴金属のうち、金、銀、プラチナは、主材料としてジュエリーに用いられます。貴金属の価格は、東京、香港、チューリッヒ、ロンドン、ニューヨークなど、国際市場の取引価格が基本になっています。貴金属を贈与する場合、購入時の領収書やレシート、保証書がある場合は、品名、購入日、購入場所、購入金額を記載します。

　また、現在の価値がわからない貴金属に関しては、貴金属買取り業者に査定を依頼した上で贈与契約書に記載します。

　貴金属の贈与時の評価額は、金地金同様に一般動産として売買実例価額や精通者意見価格等を参酌した額となります（評基通129）。

第1章　財産別　贈与契約条項　　69

26　自動車

> 第〇条　Aは、下記の自動車をBに贈与するものとし、Bはこれ
> を承諾した。
> 記
> 　　自動車の種別　　　　　　　〇〇（軽自動車等）
> 　　車名　　　　　　　　　　　〇〇
> 　　自動車登録番号又は車両番号　〇〇　〇〇〇　な　〇〇〇〇
> 　　車台番号　　　　　　　　　〇〇〇－〇〇〇〇〇〇
> 第〇条　AはBに対し、本件自動車を令和〇年〇月〇日までにB
> 　の自宅にて引き渡す。
> 　2　前項による引渡しが完了したとき、本件自動車の所有権は当
> 　　然にBに移転する。

ポイント

　自動車を贈与する場合、車検証（自動車検査済証）に記載の自動車
の情報（自動車の種別、車名、自動車登録番号、車台番号）を贈与契
約書に記載します。

　受贈者は自動車の名義変更をする必要があり、普通自動車の場合は
その車を使用する本拠地（自宅など）を管轄する運輸支局か自動車検
査登録事務所、軽自動車の場合は軽自動車検査協会で名義変更を行い
ます。自動車の名義変更時に新しい車検証（自動車検査済証）が発行
されます。

　贈与により自動車の保管場所（車庫）が変わる場合は、管轄の警察
署で車庫証明書の取得も必要となります。車庫証明書を取得するに
は、自動車の保管場所（車庫）から自宅まで直線距離で2km圏内であ

70 第1章 財産別 贈与契約条項

る必要があります。また、自賠責保険、任意保険の契約者の変更、又
は新規加入をします。

　自動車の贈与時の評価額は、一般動産として売買実例価額や精通者
意見価格等を参酌した額となります。売買実例価額や精通者意見価格
等が明らかでない場合には、同種及び同規格の新品の小売価額に減価
償却を加味した額となります（評基通129）。

第1章　財産別　贈与契約条項　　71

27　バイク（自動二輪車）

第〇条　Aは、下記の自動二輪車をBに贈与するものとし、Bは
　これを承諾した。

記

　自動二輪車の種別　　　　　　〇〇
　車名　　　　　　　　　　　　〇〇
　自動車登録番号又は車両番号　〇〇　〇〇〇　な　〇〇〇〇
　車台番号　　　　　　　　　　〇〇〇－〇〇〇〇〇〇
第〇条　AはBに令和〇年〇月〇日に本件自動二輪車を引き渡す
　こととし、本件自動二輪車の名義変更手続に協力することとす
　る。

ポイント

　バイクを贈与する際は、名義変更が必要となります。バイクの名義
変更は、排気量によって手続が異なります。125cc以下の原付は、贈与
者がその原付の登録されている市区町村で廃車手続をする必要があり
ます。廃車手続後、受贈者が住民登録をしている市区町村の役所にあ
る軽自動車税関連の窓口で申請を行います。125cc超のバイクの名義
変更は、受贈者が住民登録している住所を管轄する運輸支局又は自動
車検査登録事務所で申請を行います。自動車と同様、自賠責保険、任
意保険の契約者の変更又は新規加入手続を行います。

　バイクの贈与時の評価額は、一般動産として売買実例価額や精通者
意見価格等を参酌した額になります。売買実例価額や精通者意見価格
等が明らかでない場合には、同種及び同規格の新品の小売価額に減価
償却を加味した額になります（評基通129）。

28　航空機

第○条　Aは、下記の航空機をBに贈与するものとし、Bはこれ
を承諾した。

記

航空機の種類及び型式　　○○機　○○式
　　　　　　　　　　　　○○型
航空機の製造者　　　　　○○国　○○社
航空機の番号　　　　　　○○○○○
航空機の登録記号　　　　ＪＡ○○○○
航空機の自重トン数　　　○○ t
譲渡年月日　　　　　　　令和○年○月○日

ポイント

　航空機とは、人が乗って航空の用に供することができる飛行機、回
転翼航空機、滑走機及び飛行船その他政令で定める航空の用に供する
ことができる機械をいいます（航空2）。航空機を贈与する場合は、国
土交通省に移転登録の申請を15日以内にする必要があります。贈与に
より新しく所有者になった受贈者が、窓口又は郵送で申請を行います。
その際、上記契約書に記載の内容と合わせて、新旧の航空機の定置場
（セスナ機等自家用ジェットの場合、地方の空港が多いです。）に関し
て航空機移転登録申請書に記載する必要があります。また、贈与者の
印鑑証明書又は運転免許証等の写しも必要になりますので、贈与契約
の締結の際に贈与者はこれを渡します。

　航空機を所持することは、維持や管理に大きなコストや負担がかか

第1章　財産別　贈与契約条項　　73

ります。そのため贈与者は事前に贈与する航空機を所持することにか
かる維持費用、航空機保険料、管理費等コスト面に関することや法務
に関することを受贈者に伝えておくとよいでしょう。

　航空機の贈与時の評価額は、一般動産として売買実例価額や精通者
意見価格等を参酌した額となります。売買実例価額や精通者意見価格
等が明らかでない場合には、同種及び同規格の新品の小売価額に減価
償却を加味した額となります（評基通129）。

29　船　舶

第○条　Aは、下記の船舶をBに贈与するものとし、Bはこれを
承諾した。

記

船名	○○
種類	○○（漁船等）
船籍港	東京都
総トン数	○○ t
推進機関の種類及び数	○○　○箇
進水の年月	令和○年○月○日
船舶番号	○○○−○○○○○　東京

ポイント

　船舶とは、浮揚性・移動性・積載性の三要素を充足する構造物をい
います（国土交通省東北運輸局HP）。

　小型船舶（総トン数20 t 未満の船舶）に関しては、贈与により所有
者の移転が生じた場合、15日以内に日本小型船舶検査機構に移転登録
をする必要があります（小船登9①）。長さ3 m未満で推進機関の連続
最大出力が20馬力未満の小型船舶、漁船登録を受けている漁船などは
不要です。

　総トン数が20 t 以上の船舶を取得したときは、法務局にて船舶の所
有権移転登記をした後に、その船舶を地方運輸局に登録して、船舶国
籍証明書の交付を受ける必要があります（船舶5①・10）。

　所有者変更に伴う移転登録等の手続は受贈者（新所有者）が行いま

第1章　財産別　贈与契約条項　　75

す。そのため、贈与者は贈与契約書とあわせて、印鑑証明書（譲渡年
月日前3か月以内に発行されたもの）、船舶検査証書、船舶検査手帳を
受贈者に渡します。

　船舶の贈与時の評価額は、売買実例価額や精通者意見価格等を参酌
した額となります。売買実例価額や精通者意見価格等が明らかでない
場合には、同種同型の船舶の新造価格に減価償却を加味した額となり
ます（評基通129）。

30　ペット

> 第〇条　Ａは、下記のペットをＢに贈与するものとし、Ｂはこれを承諾した。
>
> 記
>
> 　ペット
>
> 　　〇〇県〇〇市〇〇町〇丁目〇番〇号
>
> 　　愛犬〇〇（犬種：〇〇、性別：〇、年齢：〇歳）
>
> 第〇条　ＡはＢに、第〇条記載のペットが使用していた犬小屋、玩具、餌等新しい環境に適応するために必要なものを全て引き渡すこととする。また、ペットの習性や特徴のほかワクチン接種履歴などペットを飼育する上で必要となる情報を全て伝えることとする。

ポイント

　ペットは民法上「物」として扱われます（民85）。しかしながら、ペットは命あるものであることを鑑み、ペットの種類、習性等を考慮した適正な飼育をすることが求められます（動物愛護2）。ペットを贈与する際は、ペットの生活環境の変化等に十分に配慮する必要があり、贈与者、受贈者は双方が責任をもって、今後のペットの生活が安定するように努めなければなりません。贈与する際に、急な生活の変化でペットに負担をかけないようにするためにも、今までペットが使用してきた犬小屋や餌等もあわせて受贈者に渡すことが望ましいでしょう。

　ペットの贈与時の評価額は、売買実例価額や精通者意見価格等を参酌した額となります（評基通134）。

第1章　財産別　贈与契約条項　　77

31　書画骨董

第○条　Aは、その所有する下記の書画をBに贈与し、Bはこれ
　　を承諾した。

記

　　品名　　　　○○
　　作家名　　　○○
　　購入年月日　令和○年○月○日
　　購入場所　　○○商店
　　購入金額　　○○万円
　　査定日　　　令和○年○月○日
　　査定した人　○○○○
　　査定金額　　○○万円
第○条　Aは、Bに対して令和○年○月○日までに第○条記載の
　　書画を引き渡すものとする。

ポイント

　金銭的価値の高い書画骨董品を贈与する際には、爾後に備え、贈与
契約書を作成することが望ましいでしょう。また、書画骨董品は、相
続及び贈与時に適正な価額で評価しなければなりません。

　書画骨董品の贈与時の評価額は、一般的には売買実例価格、精通者
意見価格等による価額となります（評基通135(2)）。

　なお、数十万円以上の価値があると見込まれる書画骨董品について
は、贈与契約書の作成において、品名及び作家名のみならず査定金額、
査定日及び査定した人に関しても明記します。必要に応じて、鑑定士

による鑑定書を贈与契約書に添付することが望ましいでしょう。

　また、受贈者が書画骨董品を売却したときには譲渡所得税が発生する場合があるため、購入年月日、購入場所及び購入金額も明記しておきます。

第1章　財産別　贈与契約条項　　79

第5　知的財産権

32　特許権

第○条　Aは、その有する下記の特許権をBに贈与し、Bはこれ
　を承諾した。

記

　登録番号　　第○○○○○○○号
　発明の名称　○○
第○条　Aは、Bに対し特許庁への第○条記載の特許権の移転登
　　録申請手続に協力するものとし、移転登録申請手続に係る費用
　　はBが負担するものとする。

ポイント

　特許権はその対象となる発明の利用を独占でき、権利侵害者に対して差止めや損害賠償を請求できる権利であり、特許庁に特許を出願後、審査を通過して登録をした場合に発生する権利をいいます。

　特許権は特許庁において登録番号が付与されているため特定がしやすくなっています。

　また、特許権の移転には新しい情報を特許庁に備える登録原簿に登録する必要があり（特許27）、特許庁において移転登録をすることにより第三者対抗要件を充足することとなりますので（特許98）、贈与者が移転手続に協力する旨及び移転登録に係る費用の負担についての記載もしておいた方がよいでしょう。

　特許権の贈与時の評価額は、一定の場合を除き、将来受ける補償金の額の基準年利率による複利現価の額の合計額となります（評基通140）。

33 特許を受ける権利

第〇条　Aは、その所有する下記の特許を受ける権利をBに贈与
し、Bはこれを承諾した。
記
　特許出願の番号　特願〇〇〇〇〇〇（特許出願後の場合）
　発明の名称　　　〇〇〇〇
第〇条　Aは、Bに対し特許庁への出願人名義変更（又は、特許
出願）手続に協力するものとし、出願人名義変更（又は、特許
出願）手続に係る費用はBが負担するものとする。

ポイント

　特許を受ける権利とは特許権登録前の状態の発明について特許権の
登録を請求することができる権利をいい、特許出願前と特許出願後に
大別されます。

　特許を受ける権利は、受贈者が特許庁に対して、特許出願前は特許
出願を行うことが、特許出願後は出願人名義変更届出を行うことが、
第三者対抗要件となりますので（特許34）、贈与者が移転手続に協力す
る旨及び移転登録に係る費用の負担について、記載しておいた方がよ
いでしょう。

　また、贈与契約書の作成日について、特許出願後の場合は特許庁へ
の出願人名義変更届の提出日より後になることは認められませんので
注意を必要とします。

　特許を受ける権利の贈与時の評価額は、特許権の評価額（前掲32参
照）に準じた額になるものと考えられます。

34 実用新案権

> 第〇条　Aは、その所有する下記の実用新案権をBに贈与し、B
> はこれを承諾した。
>
> 記
>
> 　実用新案登録番号　第〇〇〇〇〇〇〇号
>
> 　考案の名称　　　　〇〇〇〇
>
> 第〇条　Aは、Bに対し特許庁への第〇条記載の実用新案権の移
> 　　　転登録申請手続に協力するものとし、移転登録申請手続に係る
> 　　　費用はBが負担するものとする。

ポイント

　実用新案権とは物品の形状、構造又は組合せに係る考案であり、特
許庁において実用新案登録を受けているものをいいます。

　特許権との違いは、特許権は高度な発明であるのに対して、実用新
案権は高度であることを要しない考案であるということです。

　実用新案権は特許権等と同様に特許庁において移転登録をすること
により第三者対抗要件を充足することとなりますので（新案26）、贈与
契約書には贈与者が移転手続に協力する旨及び移転登録に係る費用の
負担についての記載もしておいた方がよいでしょう。

　実用新案権の贈与時の評価額は、特許権の評価方法（前掲32参照）
を準用して算出します（評基通146）。

35 意匠権

第〇条　Aは、その所有する下記の意匠権をBに贈与し、Bはこれを承諾した。

記

　意匠登録番号　第〇〇〇〇〇〇〇号
　意匠の名称　　〇〇〇〇

第〇条　Aは、Bに対し特許庁への第〇条記載の意匠権の移転登録申請手続に協力するものとし、移転登録申請手続に係る費用はBが負担するものとする。

ポイント

　意匠権とは独創的な物品の形状、模様、色彩、建築物等の工業用の物品に係るデザインであり、特許庁において意匠登録を受けているものをいいます。具体例として、テーブルや椅子、衣服類、スマートフォンのデザインなどがこれに当たります。登録を行うことでデザインの模倣品や類似品の販売等を排除することが可能となります。

　著作権との違いは、著作権は著作物（文芸、学術、美術又は音楽の範囲に属するもの）が対象であるのに対して、意匠権は工業用の物品に係るデザインで意匠登録されたものということです。

　意匠権は特許権等と同様に特許庁において移転登録をすることにより第三者対抗要件を充足することとなりますので（意匠36）、贈与契約書には贈与者が移転手続に協力する旨及び移転登録に係る費用の負担についての記載もしておいた方がよいでしょう。

　意匠権の贈与時の評価額は、特許権の評価方法（前掲32参照）を準用して算定します（評基通146）。

第1章　財産別　贈与契約条項　　83

36　商標権

第○条　Aは、その所有する下記の商標権をBに贈与し、Bはこれを承諾した。

記

　商標登録番号　第○○○○○○○号

　商標の名称　　　○○○○

第○条　Aは、Bに対し特許庁への第○条記載の商標権の移転登録申請手続に協力するものとし、移転登録申請手続に係る費用はBが負担するものとする。

ポイント

　商標権とは商品やサービスを区別するための文字、図形、記号や音等であり、特許庁において商標登録を受けているものをいいます。具体例として、商品名やロゴがこれに当たります。

　登録を行うことで商標を指定した商品等を独占的に使用でき、第三者による登録商標や類似商標の使用を差し止めることが可能となります。

　商標権は特許権等と同様に特許庁において移転登録をすることにより第三者対抗要件を充足することとなりますので（商標31）、贈与契約書には贈与者が移転手続に協力する旨及び移転登録に係る費用の負担についての記載もしておいた方がよいでしょう。

　商標権の贈与時の評価額は、特許権の評価方法（前掲32参照）を準用した額となります（評基通147）。

37 著作権

> 第○条　Aは、その有する下記の著作物の全ての著作権（著作権法第27条及び第28条に規定する権利を含む。）をBに贈与し、Bはこれを承諾した。
>
> 記
>
> 　著作物　○○
>
> 第○条　Aは、第○条記載の著作物に係る著作者人格権を行使しない。
>
> 第○条　Aは、Bと共に著作権・著作隣接権の移転等の登録手続を実施するものとする。

ポイント

　著作権は著作物（著作2）の創作と共に自然に発生する権利であり、特許権とは異なり特定の機関に登録を要することはありません。

　著作権は大きく著作財産権（著作物の財産的な利益を保護する権利）と著作者人格権（著作者が著作物を公表するか、公表する場合の方法を決める権利）に大別され、中でも複数の権利（複製権・貸与権・公表権等）が一体となったものであるため、その贈与の対象となる範囲を明確にすることが大切です。

　仮に贈与契約書に全ての著作権と明示した場合においても、著作権法61条2項に同法27条（翻訳権、翻案権等）及び28条（二次的著作物の利用に関する原著作者の権利）の権利については記載されていない場合には譲渡の対象に含まれない旨の規定があることから、具体的に記載することが一般的です。

　また、著作者人格権（公表権・氏名表示権・同一性保持権）につい

第1章　財産別　贈与契約条項　　85

ては著作者の一身に帰属するものとして譲渡ができない権利（著作59）であるため、贈与契約書には著作者は著作者人格権の行使をしない旨の記載をすること、並びに、第三者対抗要件として、文化庁の著作権に関する登録制度を利用して著作権の移転の事実を登録することも検討の必要があります。

　著作権の贈与時の評価額は、次の算式により算出した額となります（評基通148）。

（算式）年平均印税収入の額　×　0.5　×　評価倍率

・年平均印税収入の額

　　贈与時の前年以前3年間の印税収入の年平均額

・評価倍率

　　精通者意見に基づき推算した印税収入期間に応ずる基準年利率による複利年金現価率

第6 債権等

38 売買代金債権

第○条　Aは、Cに対して有する下記の売買代金債権をBに贈与し、Bはこれを承諾した。

記

令和○年○月○日付○○の売買契約に基づく売主が有する一切の債権

第○条　Aは、本契約の成立後速やかに本件贈与に基づき、債権譲渡が生じたことを、確定日付がある証書によってCに通知する。なお、通知に要する費用に関してはAの負担とする。

ポイント

　売買代金債権を贈与するに際しては、贈与者が債務者に対して通知をし、又は債務者が承諾をしないと、受贈者は債務者その他の第三者に対抗することができません（民467①）。なお、通知又は承諾は確定日付のある証書によってしなければ、債務者以外の第三者に対抗することができません（民467②）。そのため受贈者の権利を保全するために、贈与契約書には、贈与契約成立後速やかに贈与者が債務者に対して確定日付がある証書によって通知する旨を記載します。確定日付のある証書は限定されており（民施5）、代表的なものは、内容証明郵便や公証人の確定日付印がある書面です。

第1章　財産別　贈与契約条項　　87

39　暗号資産（仮想通貨）

第〇条　Aは、Bに下記の仮想通貨を贈与し、Bはこれを承諾した。

記

　通貨名　〇〇〇〇
　数量　　〇〇

第〇条　AはBに対して、令和〇年〇月〇日に下記のブロックチェーンアドレスに第〇条記載の仮想通貨を送金する。

記

1EHNa6Q4Jz2yxYExL123mE43ikXhwF6kZm

ポイント

　暗号資産（仮想通貨）とは、インターネット上でやり取りできる財産的価値であり、「資金決済に関する法律」において、次の性質を持つものです。

① 不特定多数の者に対して、代金の支払等に使用でき、かつ、法定通貨（日本円等）に交換できる

② 電子的に記録され、移転できる

③ 法定通貨又は法定通貨建ての資産（プリペイドカード等）ではない

　代表的な暗号資産には、ビットコインやイーサリアムがあります。

　暗号資産を贈与する場合、その暗号資産の通貨名、数量（仮想通貨単位（例：1ビットコインの場合1BTC））を記載します。

　暗号資産は、銀行を仲介せず直接相手方に送付することができるため、暗号資産を贈与する場合は、トラベル・ルール（暗号資産交換業

者が暗号資産の出金時において送付人及び受取人に関する情報を取得し、出金先の暗号資産交換業者に「通知事項」を送付することが求められる規制）によって、暗号資産交換業者に、贈与者は氏名、住所又は顧客識別番号、ブロックチェーンアドレス（ビットコインの場合ビットコインアドレスといいます。暗号資産の中での口座番号のようなものです。）を提供します。また、受贈者は氏名、ブロックチェーンアドレスを提供します。

　なお、暗号資産の贈与時の評価額は、その時の時価（取引価格）となります（国税庁「暗号資産等に関する税務上の取扱いついて（情報）」問4－2）。

第1章　財産別　贈与契約条項　　89

40　ゴルフ会員権

第○条　Aは、その所有する下記のゴルフ会員権をBに贈与し、
　Bはこれを承諾した。

記

　○○株式会社　○○ゴルフ倶楽部　預託金ゴルフ会員権
　会員番号　　　○○○○○○
第○条　Bは、本件贈与をするために掛かる費用（名義書換料等
　の手数料）、贈与後に当該施設に払う年会費に関して負担する
　こととする。

ポイント

　ゴルフ会員権には、預託金会員制、株主会員制及び社団法人会員制
の３種類があります。ゴルフ会員権の贈与に関して、ゴルフ場施設を
利用して単にプレーができるだけではなく、株式の所有が必要、又は
譲渡できる会員権で、預託金の返還を受けることができるなど、資産
的な価値があるものについて、贈与契約書を作成します。

　ゴルフ場が旧名義人（贈与者）から新名義人（受贈者）への名義書
換をする場合、新名義人（受贈者）が名義書換手数料を負担すること
になります。また、年会費に関しても受贈者が今後負担する形になり
ます。これらの旨も贈与契約書に記載します。

　ゴルフ会員権の贈与時の評価額は取引相場のある会員権（預託金の
返還を受けることができる預託金会員制のゴルフ会員権など）につい
ては、通常の取引相場の70％に相当する金額となり、取引相場のない
会員権のうち株式の譲渡が可能な会員権は、財産評価基本通達の定め
によって評価した株式の価額に相当する金額となります（評基通211）。

41 信託受益権

第〇条　Aは、その所有する下記の信託受益権をBに贈与し、B
はこれを承諾した。

記

契約の種類　家族信託契約（金銭信託契約）

契約年月日　令和〇年〇月〇日

信託の目的　〇〇

信託財産　　〇〇、〇〇

委託者　　　〇〇〇〇

受託者　　　〇〇〇〇

受益者　　　〇〇〇〇

第〇条　Aは受託者に対し、受益者がAからBに変更になった旨
を伝える。

ポイント

　信託受益権とは、信託契約において、信託財産から発生する経済的
利益を受け取る権利をいいます。

　信託受益権は、原則として自由に贈与できます。ただし、信託行為
においてその贈与が禁止されている場合や、受益権の性質上、贈与す
ることが許されないもの（一身専属的なもの等）である場合には、贈
与することができません（信託93）。そのため、贈与契約書を作成する
前に、その信託契約の信託受益権の贈与が可能かどうか信託契約書に
より確認します。

　贈与契約書には、信託契約が特定できるように、契約内容（契約の

種類、契約年月日、信託の目的、信託財産、委託者、受託者、受益者）を記載します。また、贈与者、受贈者は互いに協力し、委託者、受託者（委託者と受益者が同一の場合は受託者のみ）に受益者が変更になった旨を伝えておきます。

受贈者が生前贈与により信託受益権を取得した場合には、信託受益権の取得をした時において、その信託受益権の目的となっている信託財産を取得したものとして贈与税の課税価格等の計算をします。

42　不動産小口化商品

第○条　Aは、その所有する下記の不動産小口化商品５口を以下
に定める約定に従いBに贈与し、Bはこれを承諾した。

記

不動産小口化商品の表示
　　運用会社　　○○
　　会社所在地　○○県○○市○○町○丁目○番○
　　商品名　　　○○○○

【任意組合型（現物出資）又は賃貸型の場合】
第○条　AはBに対し、令和○年○月○日限り下記の不動産小口
化商品に付随する不動産の所有権移転登記手続を行う。

記

不動産の表示
1　土　地
　　所在　東京都○○区○○○丁目
　　地番　○番○
　　地目　宅地
　　地積　○○m²
2　家　屋
　　所在　　　東京都○○区○○○丁目○番○
　　家屋番号　○○
　　種類　　　事務所
　　構造　　　鉄筋コンクリート造陸屋根○階建
　　床面積　　1階　○○.○○m²
　　　　　　　2階　○○.○○m²

第1章　財産別　贈与契約条項　　93

ポイント

　不動産小口化商品とは、一つの不動産を多数の投資家で資金を出し合って購入し、その運営を委託し、運営によって得られた利益を、持分に応じて投資家に分配する商品のことをいいます。不動産小口化商品には、匿名組合型、任意組合型、賃貸型があります。匿名組合型は、投資家が事業者と匿名組合契約を結び、事業者が不動産を所有し、利益が投資家に分配される形式です。任意組合型は、投資家と業者が任意組合契約を締結し、共同で不動産事業を行い、投資家も不動産を所有することがある（現物出資の場合）形式です。賃貸型は、複数の投資家が不動産の持分を購入し、事業者に不動産を貸し出す形式です。

　不動産小口化商品を贈与する場合、贈与契約書にはその不動産小口化商品の運用会社、会社所在地、商品名を記載します。任意組合型（現物出資の場合）と賃貸型に関しては、対象不動産の所有権の移転登記をする必要がありますので、不動産の名義変更をする旨、名義変更に必要な情報を贈与契約書に記載します。

　不動産小口化商品の贈与時の評価額は、任意組合型及び賃貸型は対象となる不動産小口化商品の不動産として財産評価基本通達による評価額となり、匿名組合型は贈与時の払戻請求権による価額となります。

43　種類物債権

> 第○条　Aは、その所有するCに対する下記の種類物債権を以下
> に定める約定に従いBに贈与し、Bはこれを承諾した。
> 記
> ○○会社所有の倉庫（所在：○○県○○市○○町○丁目○番
> ○）内のビール1,000本の受取債権

ポイント

　種類物とは、物としての個性を問わず、種類、数量、品質等に着目
して取引の対象とされた物のことをいいます。

　種類物債権を贈与する場合、贈与契約書には、種類物の保管場所、
内容、個数、品質（倉庫の中にある○○100個等）を記載します。

　種類物の品質に関して定めていない場合で、法律行為の性質又は当
事者の意思によってこれを定めることができないときは、債務者は中
等の品質を有する物を給付しなければならないとされています（民401
①）。また、債務者が物の給付をするのに必要な行為（現実の提供又は
目的物を分離し引渡しの準備を整えて債権者に通知）をした際に、種
類物は特定されます（民401②）。

　種類物の贈与時の評価額は、その物の種類等に応じた額となります。

44　営業権

第○条　Aは、Bに対し、下記の営業権一切を贈与することを約
し、Bはこれを承諾した。

記

ラーメン屋○○（所在：○○県○○市○○町○丁目○番○）
の営業権

第○条　本贈与契約に定める営業権とは、ラーメン屋○○の商品、
営業用動産、A名義の電話加入権、店舗兼事務所の造作全部、
得意先及び仕入先に対する権利その他営業上の権利一切並びに
店舗兼事務所の貸借権を包含したものをいう。

第○条　Aは、前条記載の貸借権贈与については、既に賃貸人の
承諾を得たことを保証する。

第○条　Aは、Bに対し令和○年○月○日までに第○条記載の事
務所兼店舗を明け渡すとともに、同条記載の物件全部並びに営
業用帳簿及び書類を引き渡し、かつ、営業承諾の諸手続を完了
しなければならない。

第○条　Bは、Aが現に雇用している従業員については、従前の
雇用契約、就業規則等一切の諸規則に定める労働条件のとおり、
契約締結日をもって雇用に関する身分関係一切を引継承継す
る。なお、以上については、従業員一同全く異論のないことを、
AB双方確認する。

第○条　本件営業に関する公租公課は、本契約成立の前日までの
分はAの負担とし、その後の分はBの負担とする。

第○条　Aは、同一営業をする等して、Bの営業を妨害するよう
な行為は一切してはならない。

第1章 財産別 贈与契約条項

ポイント

　営業権とは、その企業の長年にわたる伝統と社会的信用、立地条件、特殊の製造技術及び特殊の取引関係の存在並びにそれらの独占性等を総合した、他の企業を上回る企業収益を稼得することができる無形の財産的価値を有する事実関係のことをいいます（最判昭51・7・13判時831・29）。

　営業権を贈与する場合、贈与契約書には、営業権の内容（商品、営業用動産、造作物、仕入れ先や得意先に関する権利）を詳細に記載します。また、引渡しの時期、方法、競業避止に関して（営業を邪魔する行為の禁止等）も記載します。さらに従業員とのトラブルを避けるために、営業権が移った後の従業員の雇用関係等（雇用条件を継続する等）も贈与契約締結の際に話し合い、従業員にも確認の上贈与契約書に記載します。

　営業権の贈与時の評価額は、一定の算式によって計算した超過利益金額に営業権の持続年数（原則として10年）に応ずる基準年利率による複利年金現価率を乗じた額となります（評基通165・166）。

第1章　財産別　贈与契約条項　　97

第7　国外財産

45　海外不動産

第○条　Aは、その所有する下記の不動産をBに贈与し、Bはこれを承諾した。

記

1　土　地

所在地　○○国○○州

地目　　宅地

地積　　○○m^2

（その他当該土地を特定すべき管理番号等）

2　建　物

所在地　○○国○○州

種類　　居宅

（その他当該建物を特定すべき管理番号・構造等）

第○条　AはBに対し、令和○年○月○日までに本件不動産を引き渡し、かつ所在国におけるその所有権移転に係る手続を行う。所有権移転に係る手続に必要な一切の費用はBの負担とする。

第○条　本件不動産に係る公租公課の負担は、所有権移転に係る手続完了の日を基準とする。すなわち、所有権移転に係る手続完了の日までに相応する部分はAの負担とし、その翌日以降に相応する部分はBの負担とする。

ポイント

　海外不動産については、日本のような登記制度がある国とそうでない国が存在します。そこで贈与契約書には、贈与の対象となる不動産を特定するために、海外の登記情報やそれに相当する情報を記載する必要があります。

　また、受贈者の権利を保全するためにも、引渡しの期限、所有権移転に係る手続の期限に関しても明記します。さらにトラブル防止のため、所有権移転に係る手続に必要な費用負担は誰がするか、現地で発生する公租公課は誰が負担するかについて明記します。日本において固定資産税は毎年1月1日時点で所有者に課税されますが、現地において同様の公租公課がある場合には贈与者と受贈者の間での精算についても記載すると良いでしょう。

　海外不動産の贈与時の評価額は、国内の不動産と同様の評価方法を基本としていますが、売買実例価額や精通者意見価格等を参酌した額となります（評基通5－2）。

第 2 章

ケース・スタディ

100

第1 条件付贈与

Case 1 孫が医学部に合格したら金銭を贈与する場合

> **ケース**　　孫は高校に進学し、かねてからの希望である医学部を受験しようと机に向かっています。私は応援の気持ちで、医学部に合格したらまとまったお金を贈与しようと考えています。

着　眼　点	作成のポイント
どのタイミングでいくら贈与したらよいか	1　贈与する条件等を明記する
金銭の授受はどのように行えばよいか	2　贈与の際の金銭の動きを確認する
大きな金銭が動くので、課税対象とされないか心配である	3　贈与税の非課税規定を確認する

解　説

1　贈与する条件等を明記する

医学部の入学から卒業までにかかる教育費等は数千万円ともいわれ、お孫さんが医学部へ進学するに当たり祖父母が費用を援助することも多々あります。

医学部の入学を条件として、贈与を行うということですから、どのような条件を付けるのか、どのような内容の金銭の贈与を行うのか決めておきます。具体的に「令和〇年の大学入学試験において、〇〇大

学医学部に合格したら、入学金、授業料及び寄附金を贈与する。」など
と記載します。「○○大学医学部に合格」という条件が満たされては
じめて贈与の効果が発生しますので、贈与税の成立時期は「○○大学
医学部に合格」した時ということになります（相基通1の3・1の4共－
9）。

2　贈与の際の金銭の動きを確認する

　医学部の合格発表から入学手続までの期間は限られ、この間に多額
の金銭を移動しなければなりません。タンス預金など手持ち現金を金
融機関の窓口に持参した上での特定の口座への振込み依頼は対応して
もらえないこともあります。また、定期預金を利用しようと思ってい
ても、予期せぬ事情で自身が金融機関に出向けないこともあり得ます。
一連の手続が期間内で終えられるよう、あらかじめどの預金を贈与に
充てるか決めた上、金融機関にも確認をとっておくことを勧めます。

3　贈与税の非課税規定を確認する

　相続税法では、「扶養義務者相互間において生活費又は教育費に充
てるためにした贈与により取得した財産のうち通常必要と認められる
もの」は非課税とされています（相税21の3①二）。この場合、非課税と
される贈与は「必要な都度直接これらの用に充てるため」とされてい
ます（相基通21の3－5）。

　また、直系尊属から教育資金の一括贈与を受けた場合の非課税の特
例（平成25年4月1日から令和8年3月31日までの間に拠出された教
育資金の一括贈与について適用されます。）（租特70の2の2）を適用し
た場合は1,500万円まで非課税とされます。入学時の寄附金は、入学
金と類似したものとして支払われることが多いものであることから、
本制度の非課税の対象とされています（文部科学省「教育資金の一括贈与

第2章　ケース・スタディ　　103

に係る贈与税非課税措置について」Q4－5－1）。この特例を利用する場合、医学部でかかる費用は同特例の1,500万円で賄いきれないこともあるため、都度贈与の併用も選択肢の一つです。

　入学時に負担を要する入学金、初年度授業料及び寄附金は大学に支払うものですが、お孫さんに小遣いとして贈与を行う場合は、教育費の都度贈与とは別途、暦年課税贈与の基礎控除110万円又は相続時精算課税制度の基礎控除110万円の利用が可能です。

　お孫さんへの贈与を検討する場合、上記の贈与税の非課税の規定や所得税の寄附金控除など節税策も踏まえた上で、贈与するタイミングや金額などを決定するとよいでしょう。

文 例

贈与契約書

贈与者甲野太郎（以下「甲」という。）と受贈者乙野次郎（以下「乙」という。）の間で、次のとおり贈与契約を締結した。

第1条　甲は、乙が令和○年の大学入学試験において、○○大学医学部に合格した場合には、下記財産を以下に定める約定に従い乙に贈与するものとし、乙はこれを受諾した。

記

入学金　現金　○○円
授業料　現金　○○円
寄附金　現金　○○円

第2条　甲は乙に対し、前条記載の金銭を○○大学医学部の入学金支払期限までに乙の指定する口座に振り込んで支払う。

上記のとおり契約したので、本書2通を作成し、甲乙各自その1通を保有する。

令和○年○月○日

　　　　　　　　　　○○県○○市○○町○丁目○番○号
贈与者（甲）　　　　　　　　甲野　太郎　㊞
　　　　　　　　　　○○県○○市○○町○丁目○番○号
受贈者（乙）　　　　　　　　乙野　次郎　㊞

※　金銭の贈与については、契約書に貼付する収入印紙は不要です。

第2章　ケース・スタディ　　105

Case 2　子が結婚したら宅地を贈与する場合

> **ケース**　　私には子供が3人おり、それぞれが結婚したらお
> 祝いを兼ねて不動産を贈与することとしています。そこで、まず、
> 長男が結婚したら宅地を贈与する旨の契約を交わしたいと考えて
> います。

着 眼 点	作成のポイント
子が結婚したら宅地を贈与する契約を交わしたいが、贈与税はどうなるか	1　条件付贈与の課税時期について確認する
贈与契約書には、具体的に何を記載すればよいか	2　贈与の条件及び土地の所在地等を記載する
贈与税は契約を交わした際に課税されるか	3　贈与税の課税時期を確認する

解　説

1　条件付贈与の課税時期について確認する

　「子が結婚したら」宅地を贈与するという契約は、結婚という条件
が成就したときに贈与の効力が発生します（相基通1の3・4共－9）。
よって、契約を交わした時点では、贈与の効力は発生せず、課税関係
は生じません。また、贈与税の課税価格となる宅地は、結婚という条
件が成就した年の相続税評価額（路線価方式（路線価方式以外の地域
は倍率方式とされています。））に基づき評価します。

2 贈与の条件及び土地の所在地等を記載する

子が結婚したら宅地を贈与する旨明記します。そして、贈与する宅地について、所在地、地番、地目及び地積を記載します。

また、贈与者から子に対して、宅地の所有権移転登記を行う旨を記載します。子が登記に係る費用（司法書士への報酬及び登録免許税）や贈与税を賄いきれない場合は、これらの費用相当分について現金で贈与する旨の契約書を別途作成します。

3 贈与税の課税時期を確認する

上記のとおり、結婚という条件が成就したときに贈与の効力が生じ、その翌年に贈与税の申告を行わなければなりません。暦年課税贈与の適用を受ける場合は、納税資金の負担が生じますが、相続時精算課税贈与を選択すると宅地の評価額2,610万円まで無税で贈与することができます（相続開始時に、宅地の贈与を受けた年の宅地の評価額から110万円を控除した金額を、相続財産に加算する必要があります。）。

父母や祖父母など直系尊属からの贈与により、自己の居住の用に供する住宅用の家屋の新築、取得又は増改築等の対価に充てるための金銭を取得した場合において、一定の要件を満たすときは贈与税が非課税となる規定（住宅取得等資金の贈与を受けた場合の非課税）がありますが、宅地そのものの贈与を受けた場合は本特例の適用はありません。

また、贈与した宅地が贈与者の居宅の敷地であった場合には、贈与者が亡くなった際、居住の用に供されていた宅地等に係る小規模宅地等の特例が使えなくなります。

第2章　ケース・スタディ　　107

文　例

| 収　入 |
| 印　紙 |
| ㊞ |

贈与契約書

　贈与者甲野太郎（以下「甲」という。）と受贈者甲野次郎（以下「乙」という。）の間で、次のとおり贈与契約を締結した。

第1条　甲は、乙が結婚した場合には、その所有する後記不動産を以下に定める約定に従い乙に贈与するものとし、乙はこれを受諾した。

第2条　甲は前条に該当した場合には乙に対し、遅滞なく後記不動産の所有権移転登記手続及びその引渡しを行う。

　上記のとおり契約したので、本書2通を作成し、甲乙各自その1通を保有する。

　　令和○年○月○日

　　　　　　　　　　　　　　○○県○○市○○町○丁目○番○号
　　　　　　　贈与者（甲）　　　　　　　甲野　太郎　㊞
　　　　　　　　　　　　　　○○県○○市○○町○丁目○番○号
　　　　　　　受贈者（乙）　　　　　　　甲野　次郎　㊞

記

不動産の表示
　　所在地　　○○県○○市○○町○丁目
　　地番　　　○番○
　　地目　　　宅地
　　地積　　　○○m^2

108　　　第2章　ケース・スタディ

第2　解除条件付贈与

Case 3　司法試験に合格するまで定期的に金銭を贈与するが、合格しなかったときは返還してもらう場合

> **ケース**　　孫は法学部に入学し司法試験合格を目指しています。この孫に司法試験に合格するまで毎月10万円を贈与し、5回受けて合格しなかったときは、贈与を中止するとともに贈与を開始したときに遡って全額返還してもらうことにしたいと考えています。

着　眼　点	作成のポイント
毎月、一定の金額を贈与し、司法試験に合格しなかったときは贈与を中止する	1　解除条件付贈与契約の法律効果を確認する
どのような契約書を作成すべきか	2　解除条件について明記する
司法試験に合格しなかったときに返還される金額の課税関係はどうなるか	3　条件が成就した場合の課税関係を確認する

解　説

1　解除条件付贈与契約の法律効果を確認する

　毎月10万円ずつ贈与し、司法試験を5回受けて合格しなかったら贈与を中止するという贈与契約は、解除条件付贈与契約となります。な

お、解除条件付法律行為は、解除条件が成就した時からその効力を失うことから（民127②）、本件においては、「司法試験を5回受けて合格しなかった」という条件の成就によって、贈与を行うという効力が消滅することとなります。この場合、「司法試験の合格、又は、5回受けて合格しなかったら」という不確実な条件が成就するまで贈与を行うということですので、あらかじめ贈与する期間が定まっている定期贈与と異なり、契約したときに一括して贈与税の課税対象とされることはありません。

2 解除条件について明記する

贈与契約において、当事者が条件が成就した場合の効果をその成就した時以前に遡らせる意思を表示したときは、その意思に従うとされていることから（民127③）、司法試験を5回受けて合格しなかった場合は、贈与を中止するとともに、贈与を開始したときに遡って全額返還してもらうという条件を付すことも可能です。

解除条件付贈与契約書の作成に当たっては、①司法試験に合格するまで毎月10万円ずつ贈与する旨、②司法試験を5回受けて合格しなかった場合は贈与を中止するとともに、贈与を開始したときに遡って全額返還してもらう旨を記載します。

また、①については、贈与者から受贈者への毎月の贈与額及び振込先の預貯金口座を、②については、返金されることとなる贈与額相当額について、受贈者が贈与者に返金したことを明確にするため、返金先となる贈与者の預貯金口座及び返済期限を明記します。

受験回数の条項を設けておかないと、合格しないという期間が続く限り、贈与を続けなければならないことになります。この点、司法試験の受験には5回までという回数制限が設けられていますから、「5回合格しなかったら」という条件を付けるのも一法です。

3 条件が成就した場合の課税関係を確認する

　毎月の贈与額10万円について、受贈者は大学の授業料や生活費に費消した場合は贈与税の非課税対象となります（相税21の3①二）。なお、贈与を受けた金銭について、年間110万円以上が預貯金として蓄財されていたり、有価証券等の購入に充てられていたりした場合は贈与税の課税対象となります。

　仮に、「司法試験を5回受けて合格しなかった」という条件が成就し、受贈者が、贈与を受けた金銭を贈与者に返還する場合、返還を受けた贈与者には課税関係は生じません。また、受贈者が贈与を受けた金銭につき、贈与税の申告と納税を行っている場合は、更正の請求が可能です（後掲Case 4参照）。

第2章　ケース・スタディ　　111

文　例

解除条件付贈与契約書

　贈与者甲野太郎（以下「甲」という。）と受贈者乙野次郎（以下「乙」という。）の間で、次のとおり贈与契約を締結した。

第1条　甲は、令和○年○月○日から乙が司法試験に合格するまでの期間において、毎月その有する次の財産を以下に定める約定に従い乙に贈与するものとし、乙はこれを受諾した。

　　　現金　10万円

第2条　甲は前条に基づき贈与する現金を毎月○日までに乙が指定する口座に振り込むこととする。

第3条　乙が司法試験を5回受験して合格しなかったときは、甲は本契約を解除することができる。

第4条　前条により本契約が解除された場合は、本契約の効果を契約締結前までさかのぼることとし、乙は甲に対し○年（○か月）以内に本契約に基づく贈与開始時からの贈与額相当額を、甲の指定する口座へ全額返還しなければならない。

　上記のとおり契約したので、本書2通を作成し、甲乙各自その1通を保有する。

　令和○年○月○日

　　　　　　　　　　　　○○県○○市○○町○丁目○番○号
　　　　贈与者（甲）　　　　　　　甲野　太郎　㊞
　　　　　　　　　　　　○○県○○市○○町○丁目○番○号
　　　　受贈者（乙）　　　　　　　乙野　次郎　㊞

※　金銭の贈与については、契約書に貼付する収入印紙は不要です。

112　　　第 2 章　ケース・スタディ

Case 4　後継者である婿に居住用の不動産を贈与するが、離婚したら無効にする場合

> **ケース**　　私は不動産賃貸業を営んでいますが、このうち賃貸用の戸建住宅 1 棟が空いたため、後継者である娘婿に贈与することとしています。なお、離婚した場合、贈与はなかったことにしたいと考えています。

着 眼 点	作成のポイント
不動産の贈与契約において、解除条件を設定した場合、その不動産の権利関係はどうなるか	1　解除条件が成就した際の法律効果を確認する
どのような契約書を作成すべきか	2　解除条件等について明記する
離婚が成立した時に返還される不動産の課税関係はどうなるか	3　解除条件が成就した場合等の課税関係を確認する

解 説

1　解除条件が成就した際の法律効果を確認する

　贈与者が受贈者に対して贈与税の対象となる財産を贈与するが、贈与契約に定めた条件が成就したときにその効力を失わせる契約を解除条件付贈与契約といいます。「解除条件付法律行為は、解除条件が成就した時からその効力を失う。」（民127②）と規定されていることから、

「娘夫婦の離婚」という条件が成就した時には、贈与契約は効力を失い、贈与を受けた財産を贈与者に返還することになります。また、解除条件が成就しなければ、効力は存続します。

2 解除条件等について明記する

娘婿との贈与契約に当たっては、贈与する土地及び建物を特定できるよう住所・家屋番号を記載します。

なお、「娘夫婦の離婚」という条件が成就した時には、贈与契約を無効とし、贈与登記を行った対象不動産について、所有権移転登記の抹消登記を行う旨を明記します。所有権移転登記の抹消登記に備え、贈与契約書は公正証書により作成し、抹消登記を行う期限を記載するとともに、受贈者は登記済権利証及び印鑑証明書を提供する旨を記載します。

3 解除条件が成就した場合等の課税関係を確認する

解除条件付贈与契約において、居住用不動産の贈与を行った場合、その「贈与による財産の取得の時」に納税義務が成立することとなります。したがって、贈与によって居住用不動産を取得した受贈者は、その贈与によって取得した居住用不動産（土地及び建物）を財産評価基本通達に基づき評価した上、翌年に贈与税の申告及び納税を行わなければなりません。

また、解除条件が成就した場合には、贈与の法的効果は消滅しますので、受贈者は贈与税の更正の請求により納付税額の還付を求めることができます（「名義変更等が行われた後にその取消し等があった場合の贈与税の取扱いについて」（昭39・5・23直審（資）22・直資68）8）。

居住用不動産の贈与を行った後、贈与税の更正の請求期限である6年（相税32②）を経過して解除条件が成就し、贈与を受けた居住用不動

産を返還した場合において、後発的事由による更正の請求が可能か否かが問題となります。この点、後発的事由に基づく更正の請求の対象となる事由について、国税通則法施行令6条1項2号は「その申告、更正又は決定に係る課税標準等又は税額等の計算の基礎となった事実に係る契約が、解除権の行使によって解除され、若しくは当該契約の成立後生じたやむを得ない事情によって解除され、又は取り消されたこと。」としていることから、「その理由が生じた日の翌日から起算して2か月以内」に更正の請求を行うことが必要となります（税通23②三）。

　不動産の返還を受けた贈与者には、課税関係は生じません。

第2章 ケース・スタディ　　115

文　例

```
┌─────┐
│収　入│
│印　紙│
│　㊞ │
└─────┘
```
　　　　　　　　　　解除条件付贈与契約書

　贈与者甲野太郎（以下「甲」という。）と受贈者乙野次郎（以下「乙」
という。）の間で、次のとおり贈与契約を締結した。
第1条　甲は、その所有する後記不動産を以下に定める約定に従い乙に
　　贈与し、乙はこれを受諾した。
第2条　甲は乙に対し、令和○年○月○日限り後記不動産の所有権移転
　　登記手続及びその引渡しを行う。
第3条　乙が甲の娘○○と離婚したときは、甲は本契約を解除すること
　　ができる。
第4条　前条により本契約が解除された場合は、本契約の効果を契約締
　　結前までさかのぼることとし、乙は甲に対し登記済権利証及び印鑑証
　　明書を提供すると共に、1か月以内に後記不動産の所有権移転登記の
　　抹消登記手続をし、かつ引渡しをしなければならない。

　上記のとおり契約したので、本書2通を作成し、甲乙各自その1通を
保有する。

　令和○年○月○日
　　　　　　　　　　　○○県○○市○○町○丁目○番○号
　　　　　贈与者（甲）　　　　　　　甲野　太郎　㊞
　　　　　　　　　　　○○県○○市○○町○丁目○番○号
　　　　　受贈者（乙）　　　　　　　乙野　次郎　㊞

　　　　　　　　　　　　記
　不動産の表示
1　土　地
　　所在　○○県○○市○○町○丁目

地番　　○番○

　　　地目　　宅地

　　　地積　　○○m^2

　2　家　　屋

　　　所在　　　　○○県○○市○○町○丁目○番○

　　　家屋番号　○○

　　　種類　　　○○

　　　構造　　　○○

　　　床面積　　○階　○○.○○m^2

　　　　　　　　○階　○○.○○m^2

第2章　ケース・スタディ　　117

第3　期限付贈与

Case 5　姪が18歳になったら金銭を贈与する場合

> ケース
>
> 　姪は今年、高校に入学しました。私は相続税対策として、姪に生前贈与を行いたいと考えています。今のうちにまとまった金銭を贈与する旨の契約を交わし、姪が18歳になったら、贈与を履行するつもりです。

着　眼　点	作成のポイント
期限を付した贈与契約はいつ成立するか	1　履行期限でなされた始期付贈与の契約成立日を確認する
贈与契約書には、具体的に何を記載すればよいか	2　贈与する期限等を明記する
贈与税は契約を交わした際に課税されるか	3　期限付贈与の贈与税の課税時期を確認する
姪が18歳になる前に贈与者が死亡したら契約はどうなるか	4　期限前に贈与者が死亡したときの課税関係を確認する

解　説

1　履行期限でなされた始期付贈与の契約成立日を確認する

　契約の効力の履行期を、到来することの確実な将来の事実に関係させることは可能であり、法律行為に始期を付したときは、その法律行為の履行は、期限が到来するまで、これを請求することができないと

されています（民135①）。「期限」のうち、法律行為の効果として生ずる債務の履行又は法律行為の効力発生に関する期限を「始期」とよんでいます。さらに始期には、法律行為の履行に期限が付されている「履行期限」（民135①）と法律行為の効力自体について期限が付されている「停止期限」とがあります（澤田和也『図解民法（総則・物権）（令和元年版）』125頁（大蔵財務協会、2019））。

「姪に対し金銭を贈与し18歳になったら履行する」旨の贈与契約は、姪と贈与契約を交わしたときに贈与が成立し、18歳になったら金銭の引渡しという履行を受けるという「履行期限でなされた始期付贈与」と解釈できます。一方、贈与者は、贈与契約を交わしたときに、受贈者に対し金銭を引き渡す義務を負うことになります。

よって、贈与契約を交わした時が贈与の契約成立日となります。贈与を受ける金銭の額が110万円を超える場合は、受贈者である姪は、贈与税の申告及び納税を行わなければなりません。

この場合「大学に合格したら贈与する」など、将来の不確実な事項を贈与の条件とする場合は「停止条件付贈与」となり、その条件が成就した時に贈与が成立することとなります（相基通1の3・1の4共－9）。

2　贈与する期限等を明記する

契約書には、姪に金銭を贈与する旨の契約を交わしたときに贈与契約が成立する旨を記載します。また、「姪が18歳になったら」という場合、その期日は確定しているわけですから贈与金額とともに金銭を引き渡す期日を記載します。そして、期限が到来した際に、姪の預金通帳に金銭を振り込むなど具体的な引渡し方法を記載します。

また、贈与者が、引渡し前に認知症を発症するなどして意思能力を欠くに至ると見込まれるような場合は、執行者の定めを明記した贈与

契約の公正証書を作成するか、作成した贈与契約書に確定日付を付与してもらうことにより備えます。執行者を定める場合は、①贈与者は認知症を発症したときは、執行者が贈与者に代わって、受贈者に対する贈与を執行する旨、②執行に係る報酬の額、③贈与者の預貯金通帳を保管する者は執行者にこれを引き渡す旨などを記載します。

3　期限付贈与の贈与税の課税時期を確認する

　上記のとおり、贈与契約を交わした時に贈与契約が成立することから、贈与税の申告及び納税は贈与契約を交わした翌年ということになります。

　金銭の引渡し前に贈与が成立し、贈与税の申告及び納税が必要となることから、納税のために必要となると見込まれる贈与税相当分の現金も併せて贈与します。

　この現金に係る贈与契約書は、その際に別途作成することとなります。

4　期限前に贈与者が死亡したときの課税関係を確認する

　受贈者は、期限付贈与契約を交わしたときに金銭を受領するという金銭債権を取得していることから、これに対する受贈者の利益・期待は保護されることとなります。贈与契約成立時に贈与者は金銭債権に対する支払義務を負うことから、贈与者が期限前に死亡したときは、贈与者の支払義務は相続人に承継されます。

　したがって、金銭の支払債務を相続した相続人は、期限が到来したときに姪に金銭を引き渡さなければなりません。そして、贈与者の相続が開始した時点において、相続人に承継される贈与者の支払義務は、相続税の債務となります。

文　例

金銭贈与契約書

　贈与者甲野太郎（以下「甲」という。）と受贈者乙野春子（以下「乙」という。）の間で、次のとおり贈与契約を締結した。

第１条　甲は、その所有する現金○○万円を以下に定める約定に従い乙に贈与し、乙はこれを受諾した。

第２条　前条記載の金銭の引渡し時期に関しては、乙が18歳となる令和○年○月○日とする。なお、本贈与契約の成立時期に関しては、契約締結日である。

第３条　第１条記載の金銭の引渡し方法に関しては、乙の指定する下記口座に入金することとする。

記

　　銀行名　　　○○銀行
　　支店名　　　○○支店
　　口座種類　　普通預金
　　口座番号　　○○○○○○○
　　口座名義　　○○○○

　上記のとおり契約したので、本書２通を作成し、甲乙各自その１通を保有する。

　令和○年○月○日

　　　　　　　　　　○○県○○市○○町○丁目○番○号
　　贈与者（甲）　　　　　　　甲野　太郎　㊞
　　　　　　　　　　○○県○○市○○町○丁目○番○号
　　受贈者（乙）　　　　　　　乙野　春子　㊞

第2章　ケース・スタディ　　121

○○県○○市○○町○丁目○番○号

乙の親権者　　　　　　　　乙野　三郎　㊞

○○県○○市○○町○丁目○番○号

乙の親権者　　　　　　　　乙野　花子　㊞

※　金銭の贈与については、契約書に貼付する収入印紙は不要です。

122　　第２章　ケース・スタディ

Case 6　孫が18歳になったら自社株式を贈与する場合

> **ケース**　私は会社の役員をしています。孫は今年高校に入学し将来も見えてきました。相続税対策と孫が会社経営に参画することを見据え、孫が18歳になったら自社株式の一部を贈与したいと考えています。

着　眼　点	作成のポイント
自社株式を有効に贈与するためにはどうすればよいか	1　自社株式を贈与する方法を確認する
贈与契約書には、具体的に何を記載すればよいか	2　自社株式を贈与する条件等を明記する
贈与税は契約を交わした際に課税されるか	3　停止期限でなされた始期付贈与の贈与税の課税時期を確認する
孫が18歳になる前に贈与者が死亡したら契約はどうなるか	4　期限前に贈与者が死亡したときの課税関係を確認する

解　説

1　自社株式を贈与する方法を確認する

　株式を孫に贈与することにより将来発生する相続財産を減らすことができますし、孫に会社経営に参画する意識を醸成することも可能です。孫は贈与を受けた後、配当金も受け取ることができます。

第2章　ケース・スタディ　　123

　非上場株式を贈与する場合、株式に譲渡制限が付されていることが一般的であるため、会社の承認を得なければなりません（会社2十七・107①一）。

　なお、株券発行会社の株式の譲渡は、その株式に係る株券を交付しなければ、その効力を生じないとされており（会社128①）、株式の贈与に当たっては株券の交付も併せて行うことを要します。

　また、株券不発行会社の株式は、その株式を取得した者の氏名又は名称及び住所を株主名簿に記載し、又は記録しなければ、株式会社その他の第三者に対抗することができないとされ（会社130①）、株券発行会社においても株主名簿に記録がなければ会社に対して対抗することができないとされていますから（会社130②）、贈与を行ったときは株主名簿の書換を行うことを要します。

2　自社株式を贈与する条件等を明記する

　孫が18歳になったら自社株式を贈与する旨明記します。

　「孫が18歳になったら」という契約は、18歳になるという将来の発生が確実な期限を契機として贈与の効果が発生することから、18歳になる年月日も記載します。

　また、贈与する自社株式の株数を記載するとともに、株券発行会社であれば株券を交付する旨、株券不発行会社であれば株式名簿の書換えを行う旨を併せて記載します。

3　停止期限でなされた始期付贈与の贈与税の課税時期を確認する

　贈与の履行に期限を付す始期付贈与については、孫との贈与契約を交わしたときには、贈与税は課税されません。孫が18歳になったときに贈与契約の効力が発生し、贈与税の課税対象とされます（前掲Case

124 第2章 ケース・スタディ

5参照)。このように法律行為に始期を付した「停止期限でなされた始期付贈与」については、期限が到来した時に贈与が成立するといえます。

契約を交わしてから数年後に贈与契約が成立するため、会社経営の状況等によって、株式の評価は上下する可能性があります。株式の評価が上昇した場合は、贈与税も高額になるリスクがあります。自社株式の贈与により、贈与税が発生すると見込まれる場合は、納税のために必要となると見込まれる贈与税相当分の現金も併せて贈与します。

この現金に係る贈与契約書は、その際に別途作成することとなります。

4 期限前に贈与者が死亡したときの課税関係を確認する

条件の成否が未定である間における当事者の権利義務は、一般の規定に従い、処分し、相続し、若しくは保存し、又はそのために担保を供することができるとされていることから（民129）、贈与者（祖父）が期限前に死亡したときは、贈与者の地位は、相続人に承継されます。したがって、自社株式を相続した相続人は、贈与契約の効力が発生する孫（子）が18歳になったときに、自社株式を贈与しなければなりません。そして、18歳になったときが贈与税の課税時期となります。

なお、贈与者（祖父）の相続が開始した時点において、相続人に承継される贈与者の地位は、相続税の債務となります。

第 2 章　ケース・スタディ　　125

文　例

贈与契約書

　贈与者甲野太郎（以下「甲」という。）と受贈者乙野次郎（以下「乙」という。）の間で、次のとおり贈与契約を締結した。

第 1 条　甲は、乙が18歳になる令和○年○月○日において、後記有価証券を以下に定める約定に従い乙に贈与するものとし、乙はこれを受諾した。なお、本贈与契約の成立時期に関しては、乙が18歳になった日である。

第 2 条　甲は前条に該当した場合には、○○株式会社に対し譲渡承認手続を行うとともに、遅滞なく後記有価証券に係る株主名簿の書換手続を行うものとする。

　上記のとおり契約したので、本書 2 通を作成し、甲乙各自その 1 通を保有する。

　令和○年○月○日

　　　　　　　　　　　　　　○○県○○市○○町○丁目○番○号
　　　　　　　　　贈与者（甲）　　　　　　　　甲野　太郎　㊞
　　　　　　　　　　　　　　○○県○○市○○町○丁目○番○号
　　　　　　　　　受贈者（乙）　　　　　　　　乙野　次郎　㊞
　　　　　　　　　　　　　　○○県○○市○○町○丁目○番○号
　　　　　　　　　乙の親権者　　　　　　　　　乙野　三郎　㊞
　　　　　　　　　　　　　　○○県○○市○○町○丁目○番○号
　　　　　　　　　乙の親権者　　　　　　　　　乙野　花子　㊞

記

有価証券の表示
　　銘柄　　○○
　　種類　　譲渡制限付株式
　　株数　　○○株

※　有価証券の贈与については、契約書に貼付する収入印紙は不要です。

126 第2章 ケース・スタディ

Case 7　孫が大学を卒業するまで定期的に学費を贈与する場合

> ケース
>
> 　孫は今年、大学に入学しましたので、孫が卒業するまで、定期的に学費を贈与したいと考えています。

着　眼　点	作成のポイント
孫が大学を卒業したら贈与を中止する贈与契約とは	1　終期付贈与契約について確認する
贈与契約書には、具体的に何を記載すればよいか	2　学費の贈与の方法等を明記する
贈与税は契約を交わした際に課税されるか	3　終期付贈与の課税関係等を確認する

解　説

1　終期付贈与契約について確認する

　贈与契約の効果の消滅に期限を付すことは可能であり、法律行為に終期を付したときは、その法律行為の効力は、期限が到来した時に消滅するとされています（民135②）。「期限」のうち、法律行為の効力が消滅する期限を「終期」と呼んでいます（澤田和也『図解民法（総則・物権）（令和元年版）』125頁（大蔵財務協会、2019））。

　大学の卒業又は中退は将来確実に起こる事実といえますので、「大学在学中の孫に、定期的に学費に充てるための資金を贈与するが、大

第2章　ケース・スタディ　　127

学を卒業又は中退したら贈与を中止する。」という贈与契約は、「終期付贈与契約」と解釈できます。

2　学費の贈与の方法等を明記する

　贈与契約書には、孫の大学の学費に充てるための金銭を毎年何月何日に○○万円贈与する旨を記載します。また、金銭の振込先口座名についても明記します。

　孫が大学を卒業、中退又は退学した場合には、贈与を停止する旨を記載します。

3　終期付贈与の課税関係等を確認する

　扶養義務者相互間において生活費又は教育費に充てるためにした贈与により取得した財産のうち通常必要と認められる財産の価額は贈与税の課税価格に算入しないとされていることから（相税21の3①二）、毎年一定の時期に大学の学費に相当する金銭の贈与を行い、その金銭が大学の学費に充てられた場合の金銭の贈与は非課税とされます。この場合の贈与税の非課税とされる財産の価額は、教育費として必要な都度直接これらの用に充てるために贈与によって取得した財産をいうものとされ、教育費の名義で取得した財産を預貯金とした場合又は株式の買入代金若しくは家屋の買入代金に充当したような場合は非課税財産の対象外となります（相基通21の3－5）。

　なお、平成25年4月1日から令和8年3月31日までの間に、個人が、教育資金に充てるための金銭の一括贈与を受け、受贈者が30歳に達するまでの間、又は在学中に教育資金として支出した金額は、1,500万円までの金額を限度として、贈与税が非課税とされる措置があります（租特70の2の2）。

文 例

終期付贈与契約書

　贈与者甲野太郎（以下「甲」という。）と受贈者乙野次郎（以下「乙」という。）の間で、次のとおり贈与契約を締結した。

第１条　甲は、乙の大学在学中の学費に充てることを目的として以下に定める約定に従い、乙に贈与し、乙はこれを受諾した。

第２条　甲は、乙に対して毎年４月１日に現金○○万円を乙の指定する下記口座に入金する。

記

　　銀行名　　○○銀行
　　支店名　　○○支店
　　口座種類　普通預金
　　口座番号　○○○○○○○
　　口座名義　乙野次郎

第３条　本契約に関しては、乙が大学を卒業、中退又は退学したら終了する。

　上記のとおり契約したので、本書２通を作成し、甲乙各自その１通を保有する。

　令和○年○月○日

○○県○○市○○町○丁目○番○号

　　　　贈与者（甲）　　　　　　　甲野　太郎　㊞

○○県○○市○○町○丁目○番○号

　　　　受贈者（乙）　　　　　　　乙野　次郎　㊞

※　金銭の贈与については、契約書に貼付する収入印紙は不要です。

第2章　ケース・スタディ　　　129

第4　負担付贈与

Case 8　生活の面倒をみてもらう代わりに賃貸マンションを
　　　　贈与する場合

> **ケース**　　私は賃貸マンションのオーナーですが、高齢にな
> ってきたため、このマンションを息子に贈与したいと考えていま
> す。
> 　しかし、マンションから得ていた収入がなくなることを考える
> と、私の生存中は息子に今後の生活の面倒をみてもらおうと思い
> ます。

着　眼　点	作成のポイント
どの程度までを生存中の扶養とするか	1　具体的な扶養方法を話し合う
扶養の義務を履行しない場合はどうするか	2　負担を履行しない場合は解除できることを明記する
扶養するための諸費用の計算はどうしたらよいか	3　扶養するために必要な金額を見積もり、明記する
贈与税はどのように計算するか	4　負担付贈与における贈与税の計算方法について確認する

解　説

1　具体的な扶養方法を話し合う

「生存中の扶養」というだけでは具体的にどのような内容を指すのかが不明確でトラブルを招くおそれがあります。光熱費や食費など毎月の扶養に係る負担金額や支払の方法を話し合い、曖昧な点をできるだけ残さないようにします。

2　負担を履行しない場合は解除できることを明記する

一度、贈与契約に基づき受贈者への所有権移転登記が行われると、容易に取り消すことはできません。しかし、負担付贈与契約を結んだものの、受贈者が贈与者に生活費の支払を行わないなど負担を履行しないケースが考えられます。

このような事態に備え、贈与の段階では停止条件付所有権移転仮登記とし、扶養義務が履行されない場合は催告の上で契約を解除することができることを明記します。

3　扶養するために必要な金額を見積もり、明記する

負担付贈与を受けた場合は、贈与財産の価額から負担額を控除した価額に贈与税が課税されます（相基通21の2－4）。そして、その負担額が第三者の利益に帰すときは、その第三者がその負担額に相当する金額を贈与によって取得したものとされます（相基通9－11）。

なお、扶養義務者相互間における生活費に充てるために行われた贈与によって取得した財産のうち通常必要と認められるものについては、贈与税を課税しないこととされています（相税21の3①二）。

これらのことから、贈与税の計算において、扶養するために必要となる生活費等を見積もることが必要となります。見積りに当たって

は、総務省の「標準生計費」(「全国家計構造調査」、「全国単身世帯収支実態調査」及び「家計調査」に基づき算定されます。) や厚生労働省の「平均余命」などに家庭事情等を加味したところで算定することも一つの方法といえましょう。これらの算定根拠を含めて負担する費用を明記しておきます。

　扶養のために必要となる費用は、贈与財産の価額から控除することができます。

　また、被扶養者が贈与を受けた生活費等は、贈与税課税の対象となりません。

4　負担付贈与における贈与税の計算方法について確認する

　受贈者が負担付贈与により取得したものの価額は、その取得時における通常の取引価額に相当する金額（市場流通価額）で評価するとされています（「負担付贈与又は対価を伴う取引により取得した土地等及び家屋等に係る評価並びに相続税法第7条及び第9条の規定の適用について」(平元・3・29直評5・直資2-204) 1）。

　賃貸マンションの通常の取引価額で評価した上、上記3において算定した負担額を控除して贈与税の課税価格を計算することとなります。

132　　第2章　ケース・スタディ

文　例

```
収　入
印　紙
㊞
```
　　　　　　　　　　　負担付不動産贈与契約書

　贈与者甲野太郎（以下「甲」という。）と受贈者甲野次郎（以下「乙」
という。）の間で、次のとおり贈与契約を締結した。
第1条　甲は、その所有する後記不動産を以下に定める約定に従い乙に
　　贈与し、乙はこれを受諾した。
第2条　甲は乙に対し、令和○年○月○日限り後記不動産の停止条件付
　　所有権移転仮登記手続及びその引渡しを行う。
第3条　乙は、後記不動産の贈与を受ける負担として、甲の生存中の扶
　　養をしなければならない。
2　前項による扶養義務の内容として、乙は、甲に対し、毎月末日に、
　　後記不動産を賃貸することにより得られる賃料収入から金○○万円
　　を、甲の指定する銀行口座に振り込まなければならない。
第4条　乙が前条の扶養義務を履行しないときは、甲は本契約を催告の
　　上、解除することができる。
第5条　乙が次の各号のいずれかに該当するときは、甲は本契約を直ち
　　に解除することができる。
　（1）　甲に対して著しい非礼行為を重ねるとき。
　（2）　過度な賭博、飲酒などにより、後記不動産による賃料収入を浪
　　　　費するおそれがあるとき。
第6条　前二条により本契約が解除された場合は、乙は甲に対し遅滞な
　　く後記不動産の引渡しをしなければならない。
　　　この場合、契約解除の日までに乙が支出した扶養の費用は、それま
　　でに後記不動産を使用収益した対価と相殺することとする。
第7条　甲は、賃借人から差し入れられた敷金から未払賃料を控除した
　　残額を乙に贈与し、乙はこれを受諾した。

上記のとおり契約したので、本書 2 通を作成し、甲乙各自その 1 通を保有する。

令和○年○月○日

　　　　　　　　　　　　○○県○○市○○町○丁目○番○号
　　　贈与者（甲）　　　　　　　　甲野　太郎　㊞
　　　　　　　　　　　　○○県○○市○○町○丁目○番○号
　　　受贈者（乙）　　　　　　　　甲野　次郎　㊞

記

不動産の表示
　（一棟建物の表示）
　　所在　　　　　　○○県○○市○○町○丁目○番○
　　建物の名称　　　○○
　（敷地権の目的たる土地の表示）
　　土地の符号　　　○
　　所在及び地番　　○○県○○市○○町○丁目○番○
　　地目　　　　　　宅地
　　地積　　　　　　○○m²
　（専有部分の建物の表示）
　　家屋番号　　　　○○
　　建物の名称　　　○○
　　種類　　　　　　居宅
　　構造　　　　　　○○
　　床面積　　　　　○階部分　○○.○○m²
　（敷地権の表示）
　　土地の符号　　　○
　　敷地権の種類　　所有権
　　敷地権の割合　　○分の○
　　贈与者の持分　　○分の○
　　評価額　　　　　○○円（持分反映後の相続税評価額）

Case 9 アパートを贈与する代わりにローンの支払をさせる場合

> **ケース**　私はアパートの大家をしていますが、このうちローンの支払が残っている1棟をその敷地とともに息子に贈与したいと考えています。

着眼点	作成のポイント
アパートのローンは受贈者に引き継がれるか	1　贈与者から受贈者への債務の承継について明記する
ローンの支払が滞った場合は、贈与を止めたい	2　負担を履行しない場合は解除できることを明記する
賃貸人から契約時に受領した敷金はどうしたらよいか	3　敷金のある賃貸物件の負担付贈与の課税関係を確認する
アパート（土地及び建物）の評価はどのように計算するか	4　負担付贈与における不動産評価額について確認する
賃貸物件の評価は低くなるか	5　貸家建付地等の評価方法について確認する
贈与者及び受贈者それぞれが課税対象とされるか	6　贈与者及び受贈者の課税価額について確認する

第2章　ケース・スタディ　　135

解　説

1　贈与者から受贈者への債務の承継について明記する

　ローン残高のあるアパートの贈与は、贈与を受けた不動産に係る債務を受贈者が負担することから負担付贈与と呼ばれます。

　負担付贈与契約書には、贈与の対象となる不動産を明記するほか、受贈者は贈与契約の対象となる不動産に係る借入債務を承継する旨明記します。金融機関名、債務残高、利率、毎月の返済額及び返済年数についても記載します。また、金融機関の同意を要することから、贈与者は、借入金の引継ぎについて、あらかじめ金融機関と協議するなどの対応を行っておく必要があるでしょう。

　なお、不動産の価額に対し、ローンの返済額が同等であるような場合は、贈与契約ではなく、売買契約などの有償契約となります。

2　負担を履行しない場合は解除できることを明記する

　負担付贈与については、その性質に反しない限り、双務契約に関する規定を準用するとされ（民553）、当事者の一方がその債務を履行しない場合において、相手方が相当の期間を定めてその履行の催告をし、その期間内に履行がないときは、相手方は、契約の解除をすることができるとされています（民541）。

　負担付贈与契約を結んだものの、受贈者が負担を履行しないケースが考えられますので、そのような場合には契約を解除することができることを契約書に明記します。

3　敷金のある賃貸物件の負担付贈与の課税関係を確認する

　敷金とは、不動産の賃借人が、賃料その他の債務を担保するために契約成立の際、あらかじめ賃貸人に交付する金銭（賃貸借契約が終了

すれば賃借人に債務の未払がない限り返還されます。）であり、贈与者
が賃借人に対して敷金返還義務を負っている状態で、受贈者に対し賃
貸アパートを贈与した場合には、法形式上は、負担付贈与に該当しま
す。ただし、アパートの贈与とともに、その敷金返還義務に相当する
現金の贈与を同時に行っている場合には、一般的に、その敷金返還債
務を承継させる意図が贈与者・受贈者間においてなく実質的な負担は
ないと認定されます。したがって、この場合については、実質的に負
担付贈与に当たらないと解するのが相当ですから、「負担付贈与又は
対価を伴う取引により取得した土地等及び家屋等に係る評価並びに相
続税法第7条及び第9条の規定の適用について」（平元・3・29直評5・
直資2-204）（以下「負担付贈与通達」といいます。）の適用はなく、賃
貸アパートは財産評価基本通達により評価することとなります（国税
庁質疑応答事例「賃貸アパートの贈与に係る負担付贈与通達の適用関係」）（下記
5参照）。

なお、贈与契約書には、敷金に相当する金額を受贈者に交付する旨
記載します。交付を受けた敷金相当額は贈与税の課税対象となりませ
ん。

4　負担付贈与における不動産評価額について確認する

アパートの贈与とともに、敷金返還義務に相当する現金の贈与を同
時に行っている場合を除き、負担付贈与に係る贈与財産の価額は、負
担がないものとした場合におけるその贈与財産の価額からその負担額
を控除した価額によるものとするとされています（相基通21の2-4）。
具体的には、負担付贈与通達に基づき、土地及び建物については、贈
与を受けたときにおける通常の取引価額に相当する金額によって評価
することとなります。

5 貸家建付地等の評価方法について確認する

　貸家建付地とは、その宅地を所有する人が建築したアパートやビルなどを他に貸し付けている場合、その貸家の敷地の用に供されている宅地のことをいいます。貸家建付地の評価の対象となる宅地は、借家権の目的となっている家屋の敷地の用に供されている宅地をいいます。したがって、アパートを贈与する場合、その宅地については、貸家建付地として、次の計算式で求めます（評基通26）。

　また、貸家についても一定の評価減を考慮して計算します（評基通93）。

　貸家建付地の価額

$$= \begin{array}{c} 自用地とし \\ ての価額 \end{array} - \begin{array}{c} 自用地とし \\ ての価額 \end{array} \times \begin{array}{c} 借地権 \\ 割合 \end{array} \times \begin{array}{c} 借家権 \\ 割合 \end{array}(30\%) \times \begin{array}{c} 賃貸 \\ 割合 \end{array}$$

　貸家の価額

$$= \begin{array}{c} 家屋の \\ 評価額 \end{array} - \begin{array}{c} 家屋の \\ 評価額 \end{array} \times \begin{array}{c} 借家権 \\ 割合 \end{array}(30\%) \times \begin{array}{c} 賃貸 \\ 割合 \end{array}$$

6 贈与者及び受贈者の課税価額について確認する

　アパートの贈与とともに、敷金返還義務に相当する現金の贈与を行っていない場合、贈与者及び受贈者は次の課税関係が生じます（負担付贈与通達）。

（1）　贈与者の課税関係

　贈与者は、借入金相当額でそのアパートを譲渡したことになりますので、金融機関からの借入金相当額から取得費を控除し、譲渡益が生じるときは、譲渡所得を計算します（計算例①）。この場合、他の所得と合計せずに分離して税額を計算することとなります。

（2） 受贈者の課税関係

次の計算例では、贈与者は、時価2,600万円のアパートを借入金相当額である1,800万円で低額譲渡したこととなり、税務上は、借入金相当額を譲渡の対価として考え、対価を超える部分を贈与と考えます。

したがって、受贈者の贈与税の課税価格は贈与契約の時におけるアパートの通常の取引価額から、負担額を控除した価額となります（計算例②)。

（計算例・建物部分）

・アパートの通常の取引価額　　　2,600万円
・金融機関からの借入金　　　　　1,800万円
・相続税評価額　　　　　　　　　2,000万円
・アパートの取得費　　　　　　　1,400万円
① 譲渡所得の計算　　1,800万円 − 1,400万円 ＝ 400万円
② 贈与税の課税価額　2,600万円 − 1,800万円 ＝ 800万円

第2章　ケース・スタディ　　139

```
文　例
```

```
収　入
印　紙
　印
```
　　　　　　　　　　　負担付不動産贈与契約書

　贈与者甲野太郎（以下「甲」という。）と受贈者甲野次郎（以下「乙」
という。）の間で、次のとおり贈与契約を締結した。

第1条　甲は、その所有する後記不動産を以下に定める約定に従い乙に
　　　贈与し、乙はこれを受諾した。

第2条　甲は乙に対し、令和○年○月○日限り後記不動産の所有権移転
　　　登記手続及びその引渡しを行う。

第3条　乙は、後記不動産の贈与を受ける負担として、当該不動産に係
　　　る次の借入債務を承継する。

　　　　金融機関　　　○○銀行
　　　　債務残高　　　○○円
　　　　利率　　　　　○％
　　　　月返済額　　　○○円
　　　　残存返済期間　○○年

第4条　乙が前条に係る債務の履行をしないときは、甲は本契約を解除
　　　することができる。

第5条　前条により本契約が解除された場合は、本契約の効力は、契約
　　　前までさかのぼることとし、乙は甲に対し遅滞なく後記不動産の所有
　　　権移転登記手続をし、かつ引渡しをしなければならない。

第6条　甲は、賃借人から差し入れられた敷金から未払賃料を控除した
　　　残額を乙に贈与し、乙はこれを受諾した。

　上記のとおり契約したので、本書2通を作成し、甲乙各自その1通を
保有する。

令和○年○月○日

〇〇県〇〇市〇〇町〇丁目〇番〇号

贈与者（甲）　　　　　甲野　太郎　㊞

〇〇県〇〇市〇〇町〇丁目〇番〇号

受贈者（乙）　　　　　甲野　次郎　㊞

記

不動産の表示

1　土　地

　所在　〇〇県〇〇市〇〇町〇丁目

　地番　〇番〇

　地目　宅地

　地積　〇〇m^2

2　家　屋

　所在　　　〇〇県〇〇市〇〇町〇丁目〇番〇

　家屋番号　〇〇

　種類　　　〇〇

　構造　　　〇〇

　床面積　　〇階　〇〇.〇〇m^2

　　　　　　〇階　〇〇.〇〇m^2

第2章　ケース・スタディ　　141

第5　死因贈与

Case10　居宅は先妻との間の子に相続させるものの、妻には
　　　　引き続き居宅に居住させたい場合

> **ケース**　　私は居宅で妻と二人暮らしをしています。
> 　私亡き後、先妻との間の子にこの居宅を相続させるものの、妻
> の生存中は妻にこの居宅に住んでもらいたいと考えています。
> 　なお、妻と先妻との間の子は、折り合いがよくありません。

着　眼　点	作成のポイント
配偶者居住権の設定を贈与契約書に記載することはできるか	1　配偶者間で死因贈与の契約を交わす
相続開始後、居宅を売却されないためにはどうしたらよいか	2　相続開始後、配偶者居住権の設定登記を行う
配偶者居住権を遺贈するか死因贈与するか	3　生前に配偶者居住権を死因贈与する旨の贈与契約書を作成し、仮登記を行う
配偶者の居住中に発生する居宅の維持管理費や固定資産税の負担はどうするか	4　配偶者が生存中は、居宅の維持管理費や固定資産税を配偶者が負担する旨明記する
配偶者が施設に入居し、居宅が空き家になった場合どうするか	5　配偶者居住権を消滅させ、居住建物を引き渡す
配偶者居住権の税務上の留意点は	6　配偶者居住権の消滅に係る課税関係に留意する

先妻との間の子に居住建物及び土地の所有権を相続させるには	7　居住建物及び土地は先妻との間の子に相続させる旨の遺言書を作成する

解　説

1　配偶者間で死因贈与の契約を交わす

　配偶者居住権は遺産分割又は遺贈によって取得することができるほか（民1028①）、家庭裁判所の遺産分割審判によっても取得することができます（民1029）。死因贈与は、その性質に反しない限り遺贈の規定が準用されることから（民554）、死因贈与による配偶者居住権の取得も認められています。したがって、配偶者居住権の設定を死因贈与の契約書に記載することも可能です。

2　相続開始後、配偶者居住権の設定登記を行う

　配偶者居住権は遺言書にその旨を明記しておくことによって、残された配偶者に取得させることができます。しかし、居住建物を相続した相続人が、配偶者居住権の設定の登記を行う前に、居住建物を第三者に譲渡し所有権移転登記を行った場合、配偶者は第三者に対抗することができません。配偶者居住権の登記がされていないと、事情を知らない第三者から建物の明渡しを要求されるリスクがあります。

3　生前に配偶者居住権を死因贈与する旨の贈与契約書を作成し、仮登記を行う

　配偶者居住権は、遺産分割、遺贈、死因贈与及び家庭裁判所の審判のいずれかによって取得することができますが、被相続人の意思を反映できるのは遺贈又は死因贈与です。このうち、より確実なのは死因

贈与契約で、被相続人の生前に、配偶者居住権を死因贈与する旨の贈与契約を公正証書にしておくことです。この贈与契約書に基づき、生前に配偶者居住権の仮登記（始期付配偶者居住権の設定の仮登記）を行うことができます。さらに贈与契約書に配偶者を執行者とする旨を定めておくことにより、相続開始後に子の協力なくして配偶者が単独で本登記を行うことが可能です。

4　配偶者が生存中は、居宅の維持管理費や固定資産税を配偶者が負担する旨明記する

　配偶者の居住中には居宅の修繕費など維持管理のための費用や固定資産税の負担が生じます。民法の規定は「配偶者は、居住建物の通常の必要費を負担する」(民1034) とありますから、居宅の修繕費や建物の固定資産税は妻が負担する旨を明記します。また、配偶者居住権は建物に関する権利であることから、民法は「居住建物の通常の必要費」と定めており、土地に係る費用については規定していません。よって、この点についても、爾後のトラブルに備え、負担者や負担割合を決めておいた方がよいでしょう。

5　配偶者居住権を消滅させ、居住建物を引き渡す

　配偶者居住権は、民法上譲渡することができないとされていますが(民1032②)、配偶者が施設に入居するなどのため居住建物を売却することもあるでしょう。このような場合に備え、配偶者が施設に入居するなどして居住建物から転居するときは、配偶者居住権を消滅させる旨を契約書に記載します。

6　配偶者居住権の消滅に係る課税関係に留意する

　配偶者居住権が、配偶者と居住建物の所有者との間の合意若しくは配偶者による配偶者居住権の放棄等により消滅した場合には、配偶者

から所有者への贈与として、贈与税の課税対象とされます（相基通9－13の2）。配偶者は消滅の対価を受領したときは、総合課税の譲渡所得の課税対象となります（措通31・32共－1）。

なお、配偶者の死亡により配偶者居住権が消滅し、その結果として居住建物の所有者がその建物を使用・収益できることとなったときは、課税関係は生じません（相基通9－13の2注書き）。

また、小規模宅地等の特例の適用において、配偶者居住権は建物に係る権利ですので、特例対象宅地等になりませんが、配偶者居住権に基づく敷地利用権は同特例の対象となります（措通69の4－1の2）。

7　居住建物及び土地は先妻との間の子に相続させる旨の遺言書を作成する

妻の死後、居宅が妻の家系に渡らないように、遺言書に建物及び居宅は先妻との間の子に相続させる旨記載しておくとよいでしょう。

第2章　ケース・スタディ　　145

文　例

```
┌─────┐
│収　入│
│印　紙│
│　㊞　│
└─────┘
```

　　　　　　　　　　配偶者居住権死因贈与契約書

　贈与者甲野太郎（以下「甲」という。）と受贈者甲野乙子（以下「乙」
という。）の間で、次のとおり贈与契約を締結した。
第1条　甲は、その所有する下記建物の配偶者居住権を以下に定める約
　　定に従い乙に贈与し、乙はこれを承諾した。
　　　　　　　　　　　　　　　　記
　　　所在　　　　○○県○○市○○町○丁目○番○
　　　家屋番号　　○○
　　　種類　　　　居宅
　　　構造　　　　木造瓦葺○階建
　　　床面積　　　○○.○○m²
第2条　本件贈与は、贈与者の死亡によって効力を生じ、かつこれと同
　　時に前条記載の建物の配偶者居住権は当然に乙が取得する。
第3条　本件贈与の配偶者居住権の存続期間は、乙が第1条記載の建物
　　に居住する間とし、乙が施設に入居する等で空き家になる場合は消滅
　　する。
第4条　甲は、贈与物件について乙のために始期付配偶者居住権の設定
　　の仮登記をなすものとする。
第5条　乙は当該配偶者居住権の取得後、居住中に発生する居宅の修繕
　　費等維持のための費用、建物及び敷地の固定資産税を負担しなければ
　　ならない。
第6条　次の者を配偶者居住権の設定登記に係る執行者に指定する。
　　　住所　○○県○○市○○町○丁目○番○号
　　　氏名　甲野　乙子
第7条　前条の執行者は代理人を選任して執行させることができる。

上記のとおり契約したので、本書2通を作成し、甲乙各自その1通を保有する。

　令和〇年〇月〇日

　　　　　　　　　　　　　〇〇県〇〇市〇〇町〇丁目〇番〇号
　　　　贈与者（甲）　　　　　　　　甲野　太郎　㊞
　　　　　　　　　　　　　〇〇県〇〇市〇〇町〇丁目〇番〇号
　　　　受贈者（乙）　　　　　　　　甲野　乙子　㊞

第2章　ケース・スタディ　　　147

Case11　死亡後、全財産を処分し債務を支払った上で、残りの財産を妻へ贈与する場合

> **ケース**　　私は個人事業を行ってきましたが、私の代で廃業する予定です。金融機関にもいくらか借入金がありますので、私の死後は全財産を換金し、借入金を清算した上で、妻に贈与したいと考えています。

着 眼 点	作成のポイント
事業上の取引先が複数あり、しがらみもあるので、死後は一切を清算したい	1　借入金や買掛金などの債務を明らかにしておく
妻は世情に疎いため、財産の処分や債務の清算など上手くいくか心配である	2　死因贈与の執行者等に関する項目を明記する
死因贈与を行い、全財産を換金した場合、課税関係はどうなるか	3　死因贈与の課税関係を確認する
遺贈と比べたときの死因贈与のメリットを確認しておきたい	4　死因贈与と遺贈との差異を確認する

> **解　説**

1　借入金や買掛金などの債務を明らかにしておく

　個人事業を行っており、取引先が複数あるという場合には、贈与者

の死後、受贈者が予期せぬ請求をされることも想定されます。このため、贈与者は受贈者と贈与契約を交わすに当たり、金融機関からの借入金のほか個人からの借入や買掛金の有無などについて、明確に伝えておくことが大切です。

契約書には贈与者の死後、贈与者に帰属する全財産を換価した上で、贈与者の全債務及び換価に要した一切の費用を弁済し、その残額を妻に贈与する旨記述します。

なお、借入金や買掛金などの債務は、贈与者の生前において、可能な限り弁済を行っておくことが肝要です。

2　死因贈与の執行者等に関する項目を明記する

贈与者の死後、財産の換価を行うこととなりますが、相続人の負担を考慮し、死因贈与の執行者を定めておくことも一つです。贈与契約書には、執行者の住所・氏名・年齢のほか換価を行うために必要となる権限の付与に関する条項を明記するほか、換価後の財産から全債務を支払う旨、換価を行うに当たって執行者に支払う報酬も記載します。

3　死因贈与の課税関係を確認する

贈与者の死亡によって効力を生ずる贈与については、その性質に反しない限り、遺贈に関する規定を準用するとされていることから（民554）、死因贈与契約に基づく贈与者の財産の贈与は、遺贈の規定に準じ相続税の課税対象となります。贈与者の相続開始時における相続財産及び債務は、相続財産を換価し債務の清算を行う場合であっても、相続人に帰属します。

したがって、贈与に基づき取得した財産の価額は、相続開始時の相続税評価額に基づいて計算します（評基通1）。また、贈与者が死亡したときに現に存在した借入金や未払金などの債務で確実と認められる

ものは、相続財産から差し引くことができます（相税13）。

　配偶者が居住用宅地を相続したときは、相続税の課税価格に算入すべき価額の計算上、その宅地の80％まで減額することができます（小規模宅地等の特例）（租特69の4）。

　また、相続財産を換価する場合は、相続人の譲渡所得課税の対象とされます。なお、その相続財産の譲渡が相続の開始のあった翌月から相続税の申告期限の翌日以後3年を経過する月までにされた場合は、譲渡所得の計算上、取得費加算の特例を適用することができます（租特39）。

4　死因贈与と遺贈との差異を確認する

　死因贈与は、贈与者の生前に受贈者と贈与契約を交わすため、特定の人に、確実に財産を承継したい場合に有効です。贈与契約は贈与者と受贈者の口頭による契約でも成立するため、死因贈与契約においても口頭による契約は可能です。もっとも、贈与者が死亡した場合、契約の成立を裏付ける証拠がないため、公正証書によって贈与契約書を作成します。

　不動産を贈与する場合は、死因贈与契約によって仮登記を行い権利を保全することが可能です。死因贈与契約を公正証書によって行い、公正証書に贈与者が仮登記の申請を承諾している旨の記載がある場合、受贈者は単独で仮登記の申請を行うことができます。遺贈の場合には仮登記を行うことはできません。

第2章　ケース・スタディ

文　例

```
┌──────┐
│ 収　入 │
│ 印　紙 │
│   ㊞   │
└──────┘
```

死因贈与契約書

　贈与者甲野太郎（以下「甲」という。）と受贈者甲野乙子（以下「乙」
という。）の間で、次のとおり贈与契約を締結した。

第1条　甲は、甲の死亡によって効力を生じ、死亡と同時にその所有す
　　る全ての財産を換価した上で、甲の全ての債務及び換価に要した一切
　　の費用を弁済し、その残額を以下に定める約定に従い乙に贈与するこ
　　とを約し、乙はこれを受諾した。

第2条　甲は、乙のために後記不動産について令和○年○月○日までに
　　始期付所有権移転仮登記手続を行う。

第3条　甲は、次の者を執行者に指定する。

　　　　住所　　　○○県○○市○○町○丁目○番○号

　　　　氏名　　　乙野　次郎

　　　　生年月日　昭和○年○月○日

2　前項の執行者は、この死因贈与契約に基づく不動産に関する登記手
　　続、株式、預貯金等の金融資産についての名義変更、解約及び払戻し
　　等をする権限並びに甲の権利に属する金融機関の貸金庫についての開
　　扉、内容物の引取り及び貸金庫契約の解約等をする権限その他この死
　　因贈与契約を執行するために必要な一切の権限を有する。

第4条　執行者に対する報酬は、執行対象財産の評価額（配偶者居住権
　　を控除する前の評価額）の○○％とする。

　上記のとおり契約したので、本書2通を作成し、甲乙各自その1通を
保有する。

令和〇年〇月〇日

〇〇県〇〇市〇〇町〇丁目〇番〇号

贈与者（甲）　　　　　　甲野　太郎　㊞

〇〇県〇〇市〇〇町〇丁目〇番〇号

受贈者（乙）　　　　　　甲野　乙子　㊞

記

不動産の表示

1　土　地

所在　〇〇県〇〇市〇〇町〇丁目

地番　〇番〇

地目　宅地

地積　〇〇m^2

2　家　屋

所在　　　〇〇県〇〇市〇〇町〇丁目〇番〇

家屋番号　〇〇

種類　　　〇〇

構造　　　〇〇

床面積　　〇階　〇〇.〇〇m^2

〇階　〇〇.〇〇m^2

152　　　第2章　ケース・スタディ

Case12　内縁の妻に自宅を死因贈与する場合

> **ケース**
> 　私は先妻の死後数年経ち、現在の妻と同居を始め
> ましたが、子ども達のこともあり入籍していません。私の死後、
> 内縁の妻に居宅を承継し、子ども達には金融資産を承継したいと
> 考えています。

着 眼 点	作成のポイント
居宅をどのように承継するのが最善か	1　具体的な承継方法を決定する
相続が開始した際に円滑に手続を行うことができるようにするためには	2　相続開始時の執行者を選任しておく
子ども達から遺留分侵害額請求をされたら取り分が少ない旨主張されないか心配である	3　遺留分侵害額請求に生命保険を活用する
多額の税金が課税されないか心配である	4　課税関係を確認する

解　説

1　具体的な承継方法を決定する

　内縁の妻に居宅を相続させる方法として、遺贈による場合と死因贈与による場合とが考えられます。「贈与者の死亡によって効力を生ず

る贈与については、その性質に反しない限り、遺贈に関する規定を準用する。」（民554）と規定されていますが、死因贈与と遺贈では異なる点が多々あります。死因贈与契約は、二者間の契約ですから、贈与者が一方的に取り消すことはできません。また、所有権移転仮登記を行うことで第三者に対し備えることもできます。

なお、内縁の妻には配偶者居住権（前掲Case10）は認められていません。

2　相続開始時の執行者を選任しておく

死因贈与契約は公正証書で作成し、贈与者に生前に始期付所有権移転仮登記を行うことによって、爾後において贈与者が第三者に売却することや相続開始の際に相続人が相続登記を行うことに対抗することができます（「始期付所有権移転登記」とは、条件付きの仮登記で贈与者が生存中は不動産の所有権はその者にあるが、贈与者が死亡すると、その時点を始期として所有権が受贈者に移る登記をいいます。)。

また、贈与契約書に執行者を内縁の妻に指定しておく旨を記載することで、贈与者の相続開始後、相続人の協力が得られない場合であっても内縁の妻が単独で本登記を行うことが可能です。

3　遺留分侵害額請求に生命保険を活用する

内縁の妻に居宅を死因贈与する場合、遺贈の規定が準用されるため、贈与した居宅の価額、相続人の遺産の価額によっては、相続人から内縁の妻に対し、遺留分侵害額請求が行われることもあり得ます。

内縁の妻に遺留分侵害額請求に対する金銭の準備がない場合には、居宅を手放さざるを得ないという事態になりかねません。このような事態に備え、内縁の妻を受取人とする生命保険に加入することが対応策として考えられます。遺留分侵害額請求がされたとしても保険金で

賄い、居宅を手放さなくてもよいよう対応できます。内縁の妻は、生命保険金の非課税枠は使えませんが、受取人固有の財産となり、死亡後比較的速やかに支払を受けることができるほか、原則として遺留分算定の基礎財産に含まれませんので、遺留分侵害額請求の対象にもなりません。

4　課税関係を確認する

　死因贈与は遺贈の規定が準用され、贈与財産は相続税の課税対象となります。また、内縁の妻は、被相続人の一親等の血族及び配偶者以外の人であるため、その相続税額の2割加算が適用されます。

　なお、内縁の妻との共同生活において、被相続人が生活費を拠出していた場合は、法律的婚姻関係はないので、生活費の非課税の規定は適用されないといえなくもありませんが、夫婦間の共同、協力、扶助の義務（民760）、日常家事債務の連帯責任（民761）など婚姻の効果は内縁についても認められるべきと解されています（広島高決昭38・6・19判時340・38）。よって、内縁の妻に対する生活費の拠出は生活費の非課税の規定が適用されると考えられます。

　死因贈与による場合、不動産取得税は4％（法定相続人への相続の場合は非課税）、登録免許税は2％（相続の場合は0.4％）の税率で課税されます。

第2章　ケース・スタディ　　　155

文　例

```
┌─────┐
│収　入│
│印　紙│
│　㊞　│
└─────┘
```
　　　　　　　　　　　　死因贈与契約書

　贈与者甲野太郎（以下「甲」という。）と受贈者乙野乙子（以下「乙」
という。）の間で、次のとおり贈与契約を締結した。
第1条　甲は、甲の死亡によって効力を生じ、死亡と同時に所有権が乙
　　に移転するものと定めて、その所有する後記不動産を以下に定める約
　　定に従い乙に贈与することを約し、乙はこれを受諾した。
第2条　甲は、乙のために後記不動産について令和○年○月○日までに
　　始期付所有権移転仮登記手続を行う。
第3条　甲は、次の者を執行者に指定する。
　　　　住所　　　　○○県○○市○○町○丁目○番○号
　　　　氏名　　　　乙野　乙子
　　　　生年月日　　昭和○年○月○日

　　令和○年○月○日
　　　　　　　　　　　　○○県○○市○○町○丁目○番○号
　　　　　　贈与者（甲）　　　　　　　甲野　太郎　㊞
　　　　　　　　　　　　○○県○○市○○町○丁目○番○号
　　　　　　受贈者（乙）　　　　　　　乙野　乙子　㊞

　　　　　　　　　　　　　記
　不動産の表示
　1　土　地
　　　所在　　○○県○○市○○町○丁目
　　　地番　　○番○
　　　地目　　宅地
　　　地積　　○○m²

2　家　屋

所在　　　　〇〇県〇〇市〇〇町〇丁目〇番〇

家屋番号　〇〇

種類　　　〇〇

構造　　　〇〇

床面積　　〇階　〇〇.〇〇m^2

　　　　　〇階　〇〇.〇〇m^2

第2章 ケース・スタディ　　157

Case13　死後に不動産を公益法人等に贈与する場合

> **ケース**　私は社会貢献の一環として、死後、お世話になっている公益社団法人へ宅地を贈与しようと考えています。

着　眼　点	作成のポイント
公益法人等へ贈与したいが税金は払いたくない	1　公益法人等へ贈与した場合の贈与者の課税関係を確認する
贈与を受ける公益法人等は課税対象となるか	2　公益法人等の課税関係を確認する
なるべくスムーズに所有権移転登記を済ませられるようにしたい	3　死因贈与契約の記載事項を確認する

解　説

1　公益法人等へ贈与した場合の贈与者の課税関係を確認する

　社会貢献の一環として、国や地方公共団体又は公益法人等へ宅地の贈与が実現した場合、社会貢献の実現という点で一定の達成感は得られ、また、その土地の維持・管理の費用や固定資産税の負担はなくなります。ただし、贈与を受ける側は、その後の維持・管理に費用を要することから、どのような土地でも贈与に応じるというわけではありませんので、まず、公益法人等が贈与を受け入れるか否かの確認が必要になります。

　なお、個人が法人に財産を贈与したときは、その財産を時価で譲渡

したものとのみなされ譲渡所得の課税対象とされます（所税59）。

ただし、次の場合には、譲渡所得は課税されません（租特40、租特令25の17）。

① 国又は地方公共団体に対し財産を贈与した場合

② 公益財団法人、公益社団法人、特定一般法人（法人税法別表第2に掲げる一般社団法人及び一般財団法人で、同法2条9号の2イに掲げるものをいいます。）その他の公益を目的とする事業を行う法人（以下1において「公益法人等」といいます。）に財産を贈与した場合において、財産を贈与したことが教育又は科学の振興、文化の向上、社会福祉への貢献その他公益の増進に著しく寄与すること、贈与した財産が、その贈与があった日から2年以内に、その公益法人等の公益目的事業の用に直接供されることなど一定の要件に該当することについて、国税庁長官の承認を受けるための申請書を財産の寄附があった日から4か月以内又は寄附した年分の確定申告期限のいずれか早い日までに納税地の所轄税務署長を経由して国税庁長官に提出した場合

また、個人が国や地方公共団体、特定公益増進法人などに対し、特定寄附金（国、地方公共団体に対する寄附金、公益法人等に対する寄附金で一定の要件を満たすもの）を支出した場合には、土地の取得費相当額については寄附金控除を受けることができます（所税78ほか）。

なお、上記②の「国税庁長官の承認」は、一定の審査期間を要しますので、早期に所轄税務署の資産課税部門へ相談されることを勧めます。

本ケースにおいては、贈与者の死後において贈与契約の効力が発生する死因贈与契約ですから、譲渡所得課税の対象となる場合、また、寄附金控除の適用を受けようとする場合においては、相続人が被相続人に係る準確定申告を行うこととなります。

第2章　ケース・スタディ　　159

2　公益法人等の課税関係を確認する

　公益法人等とは法人税法別表第2に掲げる法人をいい（法税2六）、具体的には、非営利型の一般財団法人、非営利型の一般社団法人、医療法人、学校法人、公益財団法人、公益社団法人、社会福祉法人、宗教法人などが該当します。

　公益法人等は収益事業から生ずる収益に限り課税対象とされます（法税4①）。贈与や遺贈により受けた収益は収益事業には該当しませんので、法人税の課税対象となりません。また、原則として、法人は納税義務者に該当しないので、贈与税及び相続税は課税されません（相税1の3）。さらに、宗教、慈善、学術その他公益を目的とする事業を行う者で一定の要件に該当する者が、相続又は遺贈により取得した財産で当該公益を目的とする事業の用に供することが確実な場合は、相続税は非課税とされています（相税12①三）。

　なお、個人が持分の定めのない法人に対して、財産の贈与又は遺贈を行った場合において、その贈与又は遺贈により贈与又は遺贈を行った者の親族その他特別の関係がある者の相続税又は贈与税の負担が不当に減少する結果となると認められるときは、その贈与又は遺贈を受ける法人を個人とみなして相続税又は贈与税が課税されます（相税66④）。

　死因贈与については、その性質に反しない限り、遺贈に関する規定を準用するとされていることから（民554）、本ケースにおいては、贈与者の相続開始時に公益法人等が財産を取得したものとして、上記課税関係を検討します。

　なお、死因贈与は遺贈と同様、遺留分侵害額請求の対象となりますので、全体の財産額、遺留分を請求する遺留分権利者への対応にも留意しておく必要があります。

3 死因贈与契約の記載事項を確認する

　贈与者の死後、公益法人等に対し宅地を移転しようとする場合、遺言で遺贈を行うこともできますが、贈与者の生前に死因贈与契約を交わした方がより確実に、受贈者に移転することができます。贈与者の生前に死因贈与契約による所有権移転登記の仮登記を行うことで、登記順位を保全することができますので、契約書には贈与契約後、一定期間内に所有権移転の仮登記を行う旨記載します。

　また、死因贈与契約に基づく所有権移転登記は、受贈者と受贈者を除く相続人との共同申請で行うこととなります。このとき登記の申請に協力が得られない相続人がいた場合、所有権移転登記の手続に支障を来すおそれがあります。このような場合に備え、死因贈与契約書を公正証書で作成し、死因贈与契約書に死因贈与の執行者を定めておくことが有効です。受贈者を執行者として定めることもできます。

第2章　ケース・スタディ　　161

文　例

収　入
印　紙
㊞

死因贈与契約書

　贈与者甲野太郎（以下「甲」という。）と受贈者公益社団法人乙協会（以下「乙」という。）の間で、次のとおり贈与契約を締結した。

第1条　甲は、甲の死亡によって効力を生じ、死亡と同時に所有権が乙に移転するものと定めて、その所有する後記不動産を以下に定める約定に従い乙に贈与することを約し、乙はこれを受諾した。

第2条　甲は、乙のために後記不動産について令和〇年〇月〇日までに始期付所有権移転仮登記手続を行う。

第3条　甲は、次の者を執行者に指定する。

　　　住所　　〇〇県〇〇市〇〇町〇丁目〇番〇号
　　　法人名　公益社団法人乙協会

　上記のとおり契約したので、本書2通を作成し、甲乙各自その1通を保有する。

　令和〇年〇月〇日

　　　　　　　　　　　　　〇〇県〇〇市〇〇町〇丁目〇番〇号
　　　　贈与者（甲）　　　　　　　甲野　太郎　㊞
　　　　　　　　　　　　　〇〇県〇〇市〇〇町〇丁目〇番〇号
　　　　受贈者（乙）　　　公益社団法人乙協会　㊞

記

不動産の表示
　　所在　　〇〇県〇〇市〇〇町〇丁目
　　地番　　〇番〇
　　地目　　宅地
　　地積　　〇〇m²

162　　第2章　ケース・スタディ

Case14　死後に金融財産を普通法人に贈与する場合

> **ケース**　　私は死後、金融資産の一部をお世話になった法人に贈与したいと考えています。贈与先の法人が同族会社であるか否かによって課税関係等に相違が生じるか心配です。また、私の死亡前に、会社の社長が交代したら贈与を止めたいと思います。

着　眼　点	作成のポイント
金融資産を法人に贈与したいが、贈与者も課税されることはあるか	1　普通法人へ贈与した場合の贈与者の課税関係を確認する
金銭の贈与を受けた法人の課税関係はどのようになるか	2　普通法人が贈与を受けた場合の課税関係を確認する
贈与先が同族会社であった場合、その株主の課税関係はどのようになるか	3　同族会社の株主の課税関係を確認する
私の死亡前に社長が交代したら、金銭の贈与を止める旨の契約書を作成したい	4　死因贈与契約の記載事項を確認する

解　説

1　普通法人へ贈与した場合の贈与者の課税関係を確認する

　個人が法人に対し、贈与又は相続により譲渡所得の起因となる資産を移転した場合には、その資産を時価により譲渡したものとみなして、譲渡所得の課税対象となります（所税59①一）。贈与者の死後に贈与契

約の効力が発生する死因贈与契約においては、対象資産が不動産や有価証券など含み益のある資産で、譲渡所得の課税対象となる場合は、相続人が被相続人に係る準確定申告を行うこととなります。

なお、本ケースのように、現金預金については、含み益がないため、贈与者に課税関係は生じません。

2 普通法人が贈与を受けた場合の課税関係を確認する

普通法人とは、公共法人、公益法人等及び協同組合等以外の法人をいい、人格のない社団等を含みません（法税2九）。株式会社、合名会社、合資会社、合同会社などがこれに当たります。

普通法人が贈与者の相続開始に基づき財産を取得した場合、法人は相続税の納税義務者（相税1の3）でないため、その財産は相続税の課税対象となることはありません。しかし、法人税法上、法人が無償により資産を譲り受けた場合、その資産の時価を受贈益として益金に計上しなければなりません（法税22②）。本ケースにおいては、死因贈与契約によって取得した現金預金の額を、受贈益として益金に計上することとなります。

3 同族会社の株主の課税関係を確認する

相続税法上、対価を支払わず利益を受けた場合には、その利益を受けた時において、利益の価額に相当する金額を贈与により取得したものとみなされます（相税9）。この場合、同族会社（法人税法2条10号に規定する同族会社をいいます。以下同じです。）の株式又は出資の価額が、例えば、次に掲げる場合に該当して増加したときは、その株主又は社員がその株式又は出資の価額のうち増加した部分に相当する金額を、それぞれ次に掲げる者から贈与によって取得したものとして取り扱われます（相基通9－2）。

① 会社に対し無償で財産の提供があった場合……その財産を提供した者

② 時価より著しく低い価額で現物出資があった場合……その現物出資をした者

③ 対価を受けないで会社の債務の免除、引受け又は弁済があった場合……その債務の免除、引受け又は弁済をした者

④ 会社に対し時価より著しく低い価額の対価で財産の譲渡をした場合……その財産の譲渡をした者

　したがって、同族会社が個人から死因贈与によって資産を取得したことにより、同族会社の株価が増加した場合、株主は株式の価値の増加額の贈与を受けたものとみなされ、その増加額は贈与税の課税対象となります。

4　死因贈与契約の記載事項を確認する

　贈与者の相続開始後、現預金を法人に確実に移転するためには、法人との死因贈与契約が有効です。そして、贈与契約書は公正証書で作成し、贈与者の意思を確実に実現するために執行者を定めておくとよいでしょう。また、執行者に対して、現金の贈与を行うために必要となる権限の付与に関する条項を明記します。

　なお、贈与者の相続開始前に法人の代表者が交代したら贈与を止めようとする場合は、贈与者の相続開始前にその法人の代表者が交代したら、死因贈与契約は無効とする旨を明記します。

第2章　ケース・スタディ　　165

文　例

死因贈与契約書

　贈与者甲野太郎（以下「甲」という。）と受贈者株式会社乙商会（以下「乙」という。）の間で、次のとおり贈与契約を締結した。

第1条　甲は、甲の死亡によって効力を生じるものと定めて、死亡と同時に次の財産を以下に定める約定に従い乙に贈与し、乙はこれを受諾した。

　　　現金　○○万円

第2条　甲の死亡前に乙の代表者が○○から交代した場合には、当該契約は無効とする。

第3条　甲は、次の者を執行者に指定する。

　　　住所　　○○県○○市○○町○丁目○番○号

　　　法人名　株式会社乙商会

2　当該契約の執行者は、当該契約に基づく金融資産についての名義変更、解約及び払戻し等をする権限その他当該契約を執行するために必要な一切の権限を有する。

　令和○年○月○日

　　　　　　　　　　　　○○県○○市○○町○丁目○番○号

　　　　贈与者（甲）　　　　　　　甲野　太郎　㊞

　　　　　　　　　　　　○○県○○市○○町○丁目○番○号

　　　　受贈者（乙）　　　　　　　株式会社乙商会　㊞

※　金銭の贈与については、契約書に貼付する収入印紙は不要です。

第2章 ケース・スタディ

Case15 知人に預貯金を死因贈与する代わりにペットの世話をさせる場合

> **ケース**　私にとってペットのチワワは家族の一員であり、大切な存在です。私の死後、懇意にしている知人に預貯金を贈与し、このチワワの世話をしてもらいたいと思っています。

着 眼 点	作成のポイント
世話の程度やペットの死後の葬儀などをどうするか	1　具体的な世話の方法等を話し合う
被相続人の死後、ペット及び飼育費用は、世話人にどのように引き渡したらよいか	2　ペット及び預金の引渡し方法等を明記する
ペット及び飼育費用を譲り受けた際の課税関係はどうなるか	3　相続税申告が必要になる場合がある旨伝えておく
相続開始の際に相続人とトラブルにならないようにするためには	4　契約書は公正証書で作成する

解 説

1　具体的な世話の方法等を話し合う

　ペットは、被相続人の死後、相続財産として相続人に移転します。自身の死後、ペットを良好な環境で世話してもらいたいものの、被相続人の希望を叶える相続人がいなければ、第三者にペットの世話を託

第2章 ケース・スタディ 167

すことになるでしょう。ペットの世話を託す第三者（以下「世話人」
といいます。）が決まったら、ペットの情報、具体的な世話の内容、世
話の期限、ペットが死んだ場合の葬儀の方法などについて話し合い、
必要となる負担額などを積算し、契約書に明記します。

　契約内容は、被相続人の死亡を条件に金銭及びペットを世話人に贈
与した上で、その世話人にペットの世話などの負担を負わせる負担付
死因贈与契約となります。

2　ペット及び預金の引渡し方法等を明記する

　ペットは生き物ですから、被相続人の相続が開始した場合、速やか
にペットの引渡しを受けられるようにしておく必要があります。

　このため、契約書にはペットの引渡し方法や預金の引渡しに関する
条項についても織り込むとともに、預金の引渡しを受けるまでの間、
世話人が必要な費用を立て替える旨を明記します。上記について、贈
与者は相続開始前に、相続人及び世話人との間で情報を共有しておく
ことが大切です。

3　相続税申告が必要になる場合がある旨伝えておく

　死因贈与は遺贈に関する規定が準用されることから（民554、相基通1
の3・1の4共－8）、ペットと預金を譲り受けた世話人は、被相続人に
係る相続税の申告が必要となる場合があります。負担付死因贈与によ
り取得した財産の価額は、負担がないものとした場合における財産の
価額から、負担額（死因贈与のあったときにおいて確実と認められる
金額）を控除した価額となります（相基通11の2－7）。

　相続税額が発生する場合は、計算した相続税額に2割を加算した金
額を納税しなければなりません。

　契約に当たっては、おおよその相続税額、相続税の申告と納税が必
要になる旨を伝えておきます。

4　契約書は公正証書で作成する

　相続人の中には、ペットの世話人に相続財産の一部を分け与えることに不満を持つ人もいるかもしれません。相続人とのトラブルを避けるためには、死因贈与契約を公正証書として残しておくことが大切です。また、何らかの事情で贈与が実現できない場合に備え、死因贈与契約を撤回する旨の文言を明記し、世話人に課税関係が生じないよう備えましょう。

文 例

```
┌─────┐
│収 入│
│印 紙│          負担付死因贈与契約書
│ ㊞  │
└─────┘
```

　贈与者甲野太郎（以下「甲」という。）と受贈者乙野次郎（以下「乙」
という。）の間で、次のとおり贈与契約を締結した。

第１条　甲は、その所有する下記財産を以下に定める約定に従い乙に贈
　　与し、乙はこれを受諾した。

記

１　ペット
　　○○県○○市○○町○丁目○番○号
　　愛犬○○（犬種：○○、性別：○、年齢：○歳）

２　預　金
　　○○万円

第２条　本件贈与は、甲の死亡によって効力を生じ、かつこれと同時に
　　前条記載の財産の所有権は、当然に乙に移転する。

第３条　乙は本件死因贈与契約による贈与を受ける負担として、甲の愛
　　犬○○を引き取り、愛情をもって大事に飼育し、その死後は甲が定め
　　る方法でその埋葬、供養等を行うものとする。

第４条　愛犬○○の引渡しは、甲の死亡後速やかに甲の長男丙野三郎（以
　　下「丙」という。）が乙の自宅で引き渡すものとする。

第５条　預金○○万円に関しては、甲の死亡後速やかに丙が乙の指定の
　　口座に入金するものとする。なお、預金の引渡しを受けるまでの間愛
　　犬○○の飼育に必要な費用に関しては乙が立て替えるものとする。

　上記のとおり契約したので、本書２通を作成し、甲乙各自その１通を
保有する。

令和○年○月○日

〇〇県〇〇市〇〇町〇丁目〇番〇号

贈与者（甲）　　　　　甲野　太郎　㊞

〇〇県〇〇市〇〇町〇丁目〇番〇号

受贈者（乙）　　　　　乙野　次郎　㊞

Case16　死亡したら診療所を贈与する代わりに経営を引き継がせる場合

> **ケース**　私は個人で診療所を経営していますが、私の死亡後は勤務医をしている娘婿に経営を引き継がせたいと考えています。

着 眼 点	作成のポイント
診療所を贈与するに当たり、どの程度の条件を付けたらよいか	1　具体的な承継条件について話し合う
事業用資産は贈与契約書にどのような記載をすればよいか	2　贈与する不動産及び事業用資産を具体的に明記する
金融機関からの借入金については、承継できるか	3　債務引受けについて確認する
看護師やスタッフは継続して雇用して問題はないか	4　雇用契約について確認する
多額の税負担が生ずるのではないかと心配である	5　負担付死因贈与の課税関係を確認する
経営者が変わった場合、行政機関への届出書は必要となるか	6　診療所開業の申請手続を確認する

解　説

1　具体的な承継条件について話し合う

　個人経営の診療所を贈与によって承継する場合、事業用資産や債権・債務の状況、雇用関係のほか診療所の抱えている問題点、強みや弱みなどについて、現診療所長と新診療所長とで情報共有を行います。

　そして、現診療所長は自己の死亡により新診療所長に死因贈与によって経営を委ねるわけですから、例えば、現診療所長が贈与する事業用資産と新診療所長が負担する債務とを同等にするとか、新診療所長に長期間に渡って事業を継続させることを承継条件とするなどの過度な負担は、そもそも贈与契約の成立に関わることもあるので、このような負担を求めることは避けるべきでしょう。

2　贈与する不動産及び事業用資産を具体的に明記する

　診療所を贈与する場合、贈与する資産を契約書に明記します。診療所の用に供する土地及び診療所建物のほか、診療所を経営する上で必要となる事業用資産についても目録を作成します。また、現診療所長の有する事業用の債権及び債務についても記載します。

3　債務引受けについて確認する

　債務引受けのうち、債務者が債務を免れて、引受人が新債務者としてこれに代わって同一内容の債務を負担することを「免責的債務引受」といいます（民472①）。免責的債務引受は、債務者（現診療所長）と引受人（新診療所長）とが契約をした場合、債権者（金融機関）が引受人に対してこれを承諾することによって成立します（民472②③）。また、債権者は、債務者が免れる債務の担保として設定された担保権を引受人が負担する債務に移すことができるとされています（民472の4①）。

診療所の経営において、金融機関からの借入金がある場合、現診療所長は、新診療所長に借入金を引き継ぐわけですから、契約書には、「新診療所長は、本贈与により現診療所長が有する○○銀行からの事業上の借入金を承継する」旨記載します。また、金融機関の同意を要することから、現診療所長は、借入金の引継ぎについて、前もって金融機関と協議するなどの対応を行っておく必要があるでしょう。

4　雇用契約について確認する

　診療所の経営を行うためには、看護師や医療スタッフの確保は重要なポイントとなります。そのため、現診療所長は、雇用解約書を確認の上、看護師等に対し、新たな診療所長の下で雇用契約を継続する意思があるか否かの確認を行うとともに、退職の意向のある看護師等がいる場合には、新診療所長とも協議の上、新規採用等の対応策を検討しておく必要があります。

5　負担付死因贈与の課税関係を確認する

（1）　贈与の課税時期等

　死因贈与は、現診療所長である贈与者の死亡によって贈与契約の効力を生じることから、贈与契約を交わした時点では贈与税は課税されません。また、死因贈与は遺贈に関する規定が準用されることから（民554）、贈与を受ける事業用の財産は、贈与者に係る相続税の対象となります。この場合、新診療所長は相続人ではないので、相続税額の2割加算の対象となります。もっとも、贈与者の相続開始前に養子縁組を行うことによって、2割加算の適用を免れることができるほか、相続人が1人増えるので、基礎控除額や死亡保険金の非課税額を増額することができ、相続税額の負担を軽減することが可能となります。

（2）　負担付贈与と負担付死因贈与との相違

　通常、賃貸不動産を贈与する代わりに受贈者にローンの返済を肩代わりさせるといった負担付贈与に係る賃貸不動産の評価は、財産評価基本通達による路線価、固定資産税評価額を使った評価額ではなく、賃貸不動産の時価（売買実例価額）から債務であるローンを控除して計算します。負担付死因贈与における賃貸不動産の評価については、死因贈与は遺贈に準じることから、賃貸不動産の財産評価基本通達による相続税評価額からローンを控除することとなります。

　<u>なお、贈与者の相続開始のときにおける死因贈与契約に係る債務については、受贈者に譲渡したものとして、譲渡所得課税の対象となります。</u>この点、相続人は、贈与者（被相続人）に係る譲渡所得についての準確定申告を行う必要があります。

6　診療所開業の申請手続を確認する

　新診療所長が新たに診療所で業務を開始する場合は、診療所の開設後10日以内に、「診療所開設届」をその診療所の所在地の都道府県知事に届け出なければなりません（医療8）。また、厚生局に「保険医療機関指定申請書」を提出しなければなりません（健保63③一・65）。

　なお、税務上の手続として、次の届出等が必要です。

○開業に係る税務上の届出書等

届出書等	提出期限等
個人事業の開業届出書	事業開始等の日から1か月以内
所得税の青色申告承認申請書	原則、承認を受けようとする年の3月15日まで（その年の1月16日以後に開業した場合には、開業の日から2か月以内）
青色事業専従者給与に関する届出書	青色事業専従者給与額を必要経費に算入しようとする年の3月15日まで

給与支払事務所等の開設届出書	開設の日から1か月以内
源泉所得税の納期の特例の承認に関する申請書	随時
消費税課税事業者選択届出書	選択しようとする課税期間が事業を開始した日の属する課税期間等である場合には、その課税期間中
消費税簡易課税制度選択届出書	選択しようとする課税期間が事業を開始した日の属する課税期間等である場合には、その課税期間中
適格請求書発行事業者の登録申請書	免税事業者は、登録希望日（提出日から15日以降の登録を受ける日として事業者が希望する日）を記載して提出（※）

（※）　事業を開始した日の属する課税期間等の初日から登録を受けようとする場合には、その課税期間中

176　　　　第2章　ケース・スタディ

文　例

```
┌─────┐
│収　入│
│印　紙│
│　　㊞│
└─────┘
```
　　　　　　　　　　　負担付死因贈与契約書

　贈与者甲野太郎（以下「甲」という。）と受贈者乙野次郎（以下「乙」
という。）の間で、次のとおり贈与契約を締結した。
第1条　甲は、その所有する後記財産目録記載の財産を以下に定める約
　　定に従い乙に贈与し、乙はこれを受諾した。
第2条　本件贈与は、甲の死亡によって効力を生じ、かつ、これと同時
　　に後記財産目録記載の財産は当然に乙に移転する。
第3条　乙は、後記財産目録記載の財産の贈与を受ける負担として、診
　　療所の経営を引き継ぐとともに、本贈与により甲が有する○○銀行か
　　らの事業上の借入金を承継する。
第4条　甲は、下記の者を執行者に指定する。
　　　　　　　　　　　　　　　記
　　　住所　　　○○県○○市○○町○丁目○番○号
　　　氏名　　　乙野　次郎
　　　生年月日　昭和○年○月○日

　令和○年○月○日
　　　　　　　　　　　○○県○○市○○町○丁目○番○号
　　　　　贈与者（甲）　　　　　　　　甲野　太郎　㊞
　　　　　　　　　　　○○県○○市○○町○丁目○番○号
　　　　　受贈者（乙）　　　　　　　　乙野　次郎　㊞

　　　　　　　　　　　　　　　記
財産目録
　不動産の表示
　1　土　地
　　　所在　○○県○○市○○町○丁目
　　　地番　○番○

地目　宅地

地積　○○m^2

2　家　屋

所在地　　同所同番所在

家屋番号　○○

種類　　　診療所

構造　　　木造スレート葺2階建○○○○

床面積　　1階　○○.○○m^2

　　　　　2階　○○.○○m^2

事業用資産の表示

1　○○

2　○○

Case17 後継者である子へ自社株式の何割かを死因贈与する場合

> **ケース**　　私は自社株式の５分の４を保有しています。高齢となったため、死後、自社株式を後継者である長女に会社経営の安定に資する割合の株式を贈与したいと考えています。

着 眼 点	作成のポイント
経営の安定化を図るためにはどの程度の株式を贈与すればよいか	1　株主総会の特別決議を考慮した株式を贈与する
自社株式に譲渡制限が付されている場合は	2　会社に対し自社株式を贈与することの承認を得る
贈与する割合について、贈与契約書にどのように記載すればよいか	3　贈与する自社株式の割合等を具体的に記載する
後継者が他の相続人から遺留分侵害額請求をされないか心配である	4　遺留分侵害額を試算する

解　説

1　株主総会の特別決議を考慮した株式を贈与する

　相続対策を何ら行わず、会社経営者の相続が開始した場合、自社株式が相続人等に分散し、安定的な会社経営に支障を来すおそれがあります。次代において、安定的な会社経営が図られるよう、後継者を定め、自社株式を円滑に承継することが課題となります。

会社経営の根幹に関わる重要事項を決議する株主総会の特別決議については、議決権を行使することができる株主の過半数の株主が出席し、出席した株主の議決権の3分の2以上に当たる多数をもって行わなければならないとされています（会社309③）。

したがって、後継者が安定的に会社経営を行うためには、後継者に総株数の3分の2以上の株式を承継できるようにすることが望ましいといえます。なお、総株数に誤りがあると、贈与する株式の割合も違ってくるので、株数の把握に当たっては遺漏のないよう注意します。

2　会社に対し自社株式を贈与することの承認を得る

株式会社がその発行する株式の内容として、譲渡によるその株式の取得について、その株式会社の承認を要する旨の定めを設けている場合におけるその株式を、譲渡制限株式といいます（会社2十七）。非上場会社の多くは株式の譲渡に制限を定めており、第三者に株式を譲渡（贈与を含みます。）する際には、取締役会又は株主総会の承認がなければ、会社に対して譲渡（贈与を含みます。）の効力を生じません。このため、贈与者は、受贈者が株式を取得することにつき、会社の承認を得る必要があります（会社136）。贈与者は、贈与契約を交わすまでの間にあらかじめ会社の承認を得て、その旨を契約書に明記します。

3　贈与する自社株式の割合等を具体的に記載する

本ケースでは、贈与者が自社株式の約8割を保有しているということですので、相続開始までの間、保有株数が前後することも踏まえ、贈与者の保有株数のうち総株数の3分の2に相当する保有株数を死因贈与する旨の契約を交わすことで、後継者は安定的な会社経営を行うことができます。

なお、株式が二以上の者の共有に属するときは、共有者は、その株

式についての権利を行使する者一人を定め、株式会社に対し、その者の氏名又は名称を通知しなければ、その株式についての権利を行使することができないとされており（会社106）、単に総株数の3分の2を死因贈与する旨記載しただけでは、総株数について、株式を相続した者の準共有状態と解釈される可能性があることから、共同相続人間の合意を得て、会社に対して株式の権利を行使する者を通知しなければなりません。この点、総株数の3分2の割合に対応する株数を贈与する旨明記するとともに、株数に端数が生じた場合3分の2を確保できるよう、端数は切り上げる旨を記載します。

また、死因贈与により引き継がれた自社株式は相続財産となり、相続税の課税対象となります。この場合、事業承継税制（一般措置）（租特70の7の2）、又は事業承継税制（特別措置）（租特70の7の6）を活用することで、80％又は100％の納税の猶予及び免除を行うことができます。

4　遺留分侵害額を試算する

被相続人の有していた相続財産について、兄弟姉妹以外の相続人は、一定の割合を承継することが保障されており、これを遺留分制度といいます（民1042）。遺留分を算定するための財産の価額は、被相続人が相続開始の時において有した財産の価額に、その贈与した財産の価額を加えた額から債務の全額を控除した額とされ（民1043）、遺留分権利者及びその承継人は、受遺者又は受贈者に対し、遺留分侵害額に相当する金銭の支払を請求することができるとされています（民1046）。

≪遺留分の割合≫

・直系尊属のみの場合（民1042①一）　　被相続人の財産の1/3

・上記以外の場合（民1042①二）　　　　被相続人の財産の1/2

≪遺留分侵害額の計算≫

　本ケースにおいて、贈与者の財産は自社株式のみ、死因贈与契約時の総株式の時価を1億2,000万円、相続人を長女のほか長男及び次男の3人として、贈与者の相続が開始した場合、遺留分侵害額は次のとおりとなります。なお、長男及び次男は贈与者が保有する株式のうち長女に死因贈与した残りを等分するとします。

○贈与者の保有株式の時価　1億2,000万円 × 4/5 ＝ 9,600万円
　・長女の取得分　1億2,000万円 × 2/3 ＝ 8,000万円
　・長男の取得分　（9,600万円 － 8,000万円）× 1/2 ＝ 800万円
　・次男の取得分　（9,600万円 － 8,000万円）× 1/2 ＝ 800万円
○総体的遺留分　9,600万円 × 1/2 ＝ 4,800万円
○個別的遺留分
　・長女（後継者）の個別遺留分　4,800万円 × 1/3 ＝ 1,600万円
　・長男及び次男の各個別遺留分　4,800万円 × 1/3 ＝ 1,600万円
○遺留分侵害額
　・長女（後継者）の遺留分侵害額
　　1,600万円 － 8,000万円 ＝ －6,400万円
　・長男及び次男の各遺留分侵害額
　　1,600万円 － 800万円 ＝ 800万円

　上記より、長女は遺留分が侵害されておらず、長男及び次男は各800万円の遺留分が侵害されていることになり、長女に対してそれぞれ800万円の遺留分侵害額の請求を行うことができます。

　なお、遺留分の基礎となる株式の時価は相続開始時の時価によることから、死因贈与契約時から実際の相続開始まで一定期間がある場合、株価の上昇により遺留分侵害額はさらに大きくなることもあります。

　このような場合に備え、例えば、長男及び次男には遺言書を別途作成し相応の現金預金など十分な財産を相続させるなどの対策を講じるほか、死亡退職金の受取人を後継者以外とし、株価の評価を下げることも一方策といえます。

文 例

死因贈与契約書

　贈与者甲野太郎（以下「甲」という。）と受贈者甲野乙子（以下「乙」という。）の間で、次のとおり贈与契約を締結した。

第１条　甲は、甲の死亡によって効力を生じ、死亡と同時に持分が乙に移転するものと定めて、下記株式を以下に定める約定に従い乙に贈与し、乙はこれを受諾した。

記

　　銘柄　○○
　　種類　譲渡制限付株式
　　株数　贈与者の保有株数のうち総株数の３分の２の割合に対応する保有株数（１株未満の端数があるときは、切り上げる。）

第２条　甲は、令和○年○月○日までに○○株式会社に対し前条に係る譲渡承認手続を行うものとする。

　上記のとおり契約したので、本書２通を作成し、甲乙各自その１通を保有する。

　令和○年○月○日

　　　　　　　　　　　　○○県○○市○○町○丁目○番○号
　　　　　　贈与者（甲）　　　　　　　甲野　太郎　㊞
　　　　　　　　　　　　○○県○○市○○町○丁目○番○号
　　　　　　受贈者（乙）　　　　　　　甲野　乙子　㊞

※　有価証券の贈与については、契約書に貼付する収入印紙は不要です。

第2章　ケース・スタディ　　183

Case18　甥に遺産の３分の１を死因贈与する代わりに祭祀を主宰させる場合

> **ケース**　私の推定相続人は妻と甥です。先祖の墓石や墓地など祭祀を私の家系である甥に承継してもらいたいと考えています。そのため、法定相続分を上回る３分の１の財産を死因贈与する代わりに祭祀を主宰するという条件を付けた贈与契約を交わすこととしています。

着　眼　点	作成のポイント
墓石や墓地は相続財産として相続人に承継されるか	1　祭祀財産の承継等について確認する
財産を割合的に贈与したいが贈与契約書はどのように記載するか	2　贈与契約書に贈与財産の割合等を記載する
祭祀に関する事柄は、贈与契約書にどのように書いたらよいか	3　承継させる祭祀財産や葬儀について明記する

解　説

1　祭祀財産の承継等について確認する

　神や祖先をまつることを祭祀といい、系譜（系図）、祭具（位牌・仏壇）及び墳墓（墓石・墓地）を祭祀財産といいます。祭祀財産は被相続人の指定がなければ、慣習に従って祖先の祭祀を主宰すべき者が承継します（民897①）。遺骨についても、慣習に従って祭祀を主宰すべき者に帰属すると解釈されています（最判平元・７・18家月41・10・128）。

なお、墓所、霊びょう及び祭具並びにこれらに準ずるものは、相続税の計算の上で非課税財産とされており（相税12①二）、遺産分割や遺留分の対象となりません。

2 贈与契約書に贈与財産の割合等を記載する

贈与者の相続開始時に存在する財産について、一定の割合を相続人に贈与する旨の割合的包括的死因贈与契約では、受贈者それぞれに贈与する割合を明記した契約書を作成しておくと、爾後のトラブルの防止に備えることができます。

また、贈与する不動産及び金融資産など、財産の種類及び評価額を記載した財産目録を作成します。

3 承継させる祭祀財産や葬儀について明記する

被相続人は、祭祀を主宰すべき者を指定することができるとされていますが（民897①ただし書）、主宰すべき者が直系血族でない場合や親族ではない第三者を指定する場合は、あらかじめ説明を行うなどしてトラブルを招かないよう備えておくことが肝要です。

祭祀は宗教・宗派の違いによって様々な決め事があるので、贈与契約書には祭祀財産のほか宗教・宗派なども具体的に記載します。

仏教であれば、墓石、墓地のほか宗派、菩提寺の名称・住所について記載します。民法上、祭祀の主宰の指定を受けた者の履行期間は定められていませんが、贈与契約書には最低限10年などと記載し、その間祭祀の維持・管理に要する費用を記載することよって、債務控除が可能と思料します。

また、贈与者が亡くなったときの葬儀について、葬儀の運営会社、葬儀場、葬儀費用、葬儀の際の喪主、葬儀の際のお布施、戒名などに関することも記載しておくとよいでしょう。これらの葬式費用は、債務控除として相続財産から控除することができます（相税13①二）。

文 例

```
収 入
印 紙
```
負担付死因贈与契約書

　贈与者甲野太郎（以下「甲」という。）と受贈者乙野次郎（以下「乙」という。）の間で、次のとおり贈与契約を締結した。

第1条　甲は、甲の有する一切の財産のうち3分の1を、甥である乙に対し贈与することを約し、乙はこれについて受諾した。

第2条　前条の贈与は、甲の死亡によって効力を生じ、かつこれと同時にその一切の権利が当然に乙に移転する。

第3条　乙は、第1条の贈与を受ける負担として、次の形で祭祀を主宰しなければならない。

（1）　甲の逝去した際の葬儀に関しては、○○葬儀社（○○県○○市○○町○丁目○番○号）にて葬儀を執り行うこととし、喪主は乙が務めることとする。

（2）　納骨に関しては、○○家の墓（○○県○○市○○町○丁目○番○号）にする。

（3）　菩提寺に関しては、○○寺（○○県○○市○○町○丁目○番○号）とする。

2　乙は、甲の死後最低限10年間は祭祀を主宰することとし、祭祀の維持・管理に要する費用は乙の負担とする。

　上記のとおり契約したので、本書2通を作成し、甲乙各自その1通を保有する。

　令和○年○月○日

　　　　　　　　　　　　　○○県○○市○○町○丁目○番○号
　　　　　　　贈与者（甲）　　　　　　　甲野　太郎　㊞
　　　　　　　　　　　　　○○県○○市○○町○丁目○番○号
　　　　　　　受贈者（乙）　　　　　　　乙野　次郎　㊞

第6　定期贈与

Case19　子に毎年110万円ずつ10年にわたり贈与する場合

> **ケース**　　相続時精算課税制度の改正があり、110万円の基礎控除が設けられたと聞きました。この基礎控除を利用して、子に対し毎年110万円ずつ10年にわたって贈与しようと考えています。

着　眼　点	作成のポイント
毎年、一定の時期に同じ金額を贈与したい	1　定期贈与の課税関係を確認する
どのような契約書を作成すべきか	2　現有財産の状況を把握した上で契約書を作成する

解　説

1　定期贈与の課税関係を確認する

　毎年110万円ずつ10年にわたって贈与を行うことが、贈与者と受贈者の間で契約されている場合には、契約をした年に、定期金給付契約に基づく定期金に関する権利（10年にわたり110万円ずつの給付を受ける契約に係る権利）の贈与を受けたものとして、その合計額に相当する額（下記参照）が贈与税の課税対象とされます。

　10年間の贈与については、次のように有期定期金として複利年金現価率に基づき評価額を計算します（相税24①）。

第2章　ケース・スタディ　　187

　なお、評価額は国税庁ホームページで計算できます。

≪毎年110万円を10年間贈与する場合の計算≫

・予定利率（r）　　１％とした場合

・期間（n）　　　　10年とした場合

・複利年金現価率 $= \left\{1 - \dfrac{1}{(1+r)^n}\right\}/r = \left\{1 - \dfrac{1}{(1+0.01)^{10}}\right\}/0.01 = 9.471$

・定期金の評価額 $=$ 110万円 $\times$ 9.471 $=$ 1,041万8,100円

（１）　相続時精算課税贈与を選択する場合

　定期金の評価額1,041万8,100円から相続時精算課税贈与の基礎控除110万円を控除した931万8,100円を、相続時精算課税制度の特別控除額2,500万円から控除した1,568万1,900円が翌年以降に繰り越される特別控除額となります。

　贈与者の相続が開始した場合、定期金の評価額1,041万8,100円から基礎控除110万円を控除した931万8,100円は、贈与者の相続税の課税価格に加算されます。

（２）　暦年課税贈与の適用を受ける場合

　定期金の評価額1,041万8,100円から暦年課税贈与の基礎控除110万円を控除した931万8,100円が贈与税の課税価格となります。

2　現有財産の状況を把握した上で契約書を作成する

　定期金の評価額1,041万8,100円と定期金以外の贈与を合計し、その合計額から相続時精算課税贈与の基礎控除110万円を控除した額が、相続時精算課税制度の特別控除額2,500万円以内であれば、贈与税は課税されません。贈与者の相続が開始した時に、相続財産の価額に相続時精算課税適用財産（相続時精算課税制度を選択した贈与者から贈与を受ける財産をいいます。）から、贈与を受けた年分ごとに基礎控除額を控除した残額を加算した額が相続税の基礎控除額以下であれば、

相続税は課税されません。よって、このようなときには、相続時精算課税贈与を利用して、定期金に関する権利としての一括贈与の契約を交わすことは有効と思料します。

相続税の基礎控除額を超える場合には、相続税の節税メリットはほとんどないといってよいでしょう。

また、暦年課税贈与の適用を受けると高額な贈与税の負担が生じるので、定期贈与に当たる贈与は避けるべきでしょう。

なお、定期の給付を目的とする贈与は、贈与者又は受贈者の死亡によって、その効力を失うとされており（民552）、贈与契約が完了するまでの間に、贈与者が死亡した場合は、贈与契約は解除されることとなります。相続財産に加算される931万8,100円のうち、贈与契約が解除され、支払が実行されなかった分については、更正の請求が可能な年分であれば、更正の請求が可能と思料します。

贈与者の現有財産の状況からして、相続税の課税対象となることが明らかな場合は、一括贈与として贈与税が課税されないように、毎年110万円ずつ贈与する旨の契約書を作成の上、贈与を行います。この場合、110万円以下の贈与であっても生前贈与加算の対象とされる暦年課税贈与よりも、110万円以下の贈与であれば生前贈与加算の対象とされない相続時精算課税贈与を選択した方が有利といえます。

第2章　ケース・スタディ　　189

文 例

定期贈与契約書

　贈与者甲野太郎（以下「甲」という。）と受贈者甲野次郎（以下「乙」という。）の間で、次のとおり贈与契約を締結した。

第1条　甲は、令和○年○月○日から令和○年○月○日までの期間において、毎年○月○日にその所有する次の財産を以下に定める約定に従い乙に贈与するものとし、乙はこれを受諾した。

　　現金　110万円

第2条　甲は乙に対し、前条記載の金銭を期日までに乙の指定する口座に振り込んで支払う。

第3条　本契約は、甲又は乙のいずれかの死亡をもって終了とする。

　上記のとおり契約したので、本書2通を作成し、甲乙各自その1通を保有する。

　令和○年○月○日

　　　　　　　　　　　　○○県○○市○○町○丁目○番○号
　　　　贈与者（甲）　　　　　　　　　甲野　太郎　㊞
　　　　　　　　　　　　○○県○○市○○町○丁目○番○号
　　　　受贈者（乙）　　　　　　　　　甲野　次郎　㊞

※　金銭の贈与については、契約書に貼付する収入印紙は不要です。

190　第２章　ケース・スタディ

第７　その他

Case20　推定被相続人の名義預金を名義人である子へ贈与する場合

> ### ケース
> 　私は20年ほど前に長女名義の預金口座を開設し、毎年100万円ずつ入金しています。トータルで2,000万円ほどになりました。このまま、通帳や印鑑などは私が保管し、私の相続が開始すると、私の名義預金と認定される可能性があると聞いたので、長女に通帳と印鑑を渡したいと思います。

着　眼　点	作成のポイント
預貯金通帳が長女の名義であれば、相続税の課税対象とならないのではないか	1　名義預金の課税関係等について確認する
名義預金に気付いたらどうすればよいか	2　贈与契約書を作成の上、受贈者に対して贈与する
税務調査に備えるためにはどうしたらよいか	3　贈与契約書の作成及び確定日付の取得等を行う

解　説

1　名義預金の課税関係等について確認する

　親が子名義の預貯金通帳に毎年100万円ずつ振り込み、その通帳を管理し、トータルとして一定額の預貯金が形成された場合、親の相続

が開始すると、その預貯金の帰属について課税上問題となるリスク、相続人間で争われるリスクがあります。この場合、金銭の移動の原因となる法律行為が金銭消費貸借契約書や贈与契約書などの直接証拠によって明らかであれば、その契約に基づき金銭が移動したことが確認できます。しかし、このような契約書が存在しないときは、その事情を語る親も既に死亡していますから、辿ることのできる事実関係（間接証拠）に基づき、その預貯金の帰属が認定されます。このように預貯金の名義人とその預貯金の実質的な所有者が異なる預貯金のことを「名義預金」と呼んでいます。

　上記の例で、親子間で贈与契約が成立していると確認できる事実がない場合、子名義の預貯金は、被相続人の名義財産とされるリスクが高いといえます。税務当局から被相続人の名義預金と認定されると相続税の課税対象とされ、本税のほか加算税・延滞税の対象とされるとともに、名義預金と認定されたことを契機とした遺産分割争いが生じることもあります。

　本ケースのように自身の相続開始前に、このような名義預金の存在に気付いたならば、爾後に備え、速やかに解消するよう努めましょう。

2　贈与契約書を作成の上、受贈者に対して贈与する

　預貯金の名義人は子であっても、その預貯金の実質的な所有者は親であると判断される場合、過去に遡って、贈与を行うなど事実関係を覆すことはできません。名義預金を解消する方法として、その時点において、①子に贈与する、②自身の名義に戻すという二つの選択肢があります。子に贈与する場合は、暦年課税贈与を行うか相続時精算課税贈与を行うかの判断、単年で贈与するか複数年で贈与するかの判断を行うことになります。一定額を単年で暦年課税贈与により贈与すると贈与税も高額になるので、例えば、相続時精算課税贈与により贈与

し、受贈者はその贈与額を原資として、贈与者を被保険者とする終身保険に加入し、贈与者の相続開始に備えることも一つの方策です。いずれにしても、親子間で贈与契約書を作成し、贈与の事実を明らかにしておくことが必要です。

　子名義の預貯金を自身の名義に書き換えたときは、名義は異なっても自身の預貯金ですから、課税関係は生じません。なお、この場合、爾後に備え、子名義の預貯金を形成した経緯、自身の名義に戻した経緯や事情について、記録に留め置くようにしましょう。

3　贈与契約書の作成及び確定日付の取得等を行う

　税務当局に対し、贈与契約の成立を主張するためには、贈与契約書を作成しておくことが必須といえます。

　私文書は、本人又はその代理人の署名又は押印があるときは、真正に成立したものと推定するとされることから（民訴228④）、贈与契約書が作成されていれば、税務当局は贈与がなかったことを認定することは困難といえます。ただし、贈与契約書を過去に遡って作成した場合は、その贈与契約書は無効とみなされ、贈与はなかったと認定されるおそれがあります。贈与契約書を作成したら、公証役場の確定日付を取得することが好ましいです。

第2章　ケース・スタディ　　193

文 例

贈与契約書

　贈与者甲野太郎（以下「甲」という。）と受贈者甲野乙子（以下「乙」という。）の間で、次のとおり贈与契約を締結した。

第1条　甲は、乙名義の下記預金を以下に定める約定に従い乙に贈与し、乙はこれを受諾した。

記

　　　銀行名　　○○銀行
　　　支店名　　○○支店
　　　口座種類　普通預金
　　　口座番号　○○○○○○○
　　　口座名義　甲野乙子

第2条　甲は乙に対し、前条記載の預金の通帳、銀行印、キャッシュカードを速やかに引き渡すものとする。

　上記のとおり契約したので、本書2通を作成し、甲乙各自その1通を保有する。

　令和○年○月○日

　　　　　　　　　　　○○県○○市○○町○丁目○番○号
　　　　　贈与者（甲）　　　　　甲野　太郎　㊞
　　　　　　　　　　　○○県○○市○○町○丁目○番○号
　　　　　受贈者（乙）　　　　　甲野　乙子　㊞

※　金銭の贈与については、契約書に貼付する収入印紙は不要です。

Case21 未成年の孫へ現金を贈与する場合

> **ケース** 孫が幼稚園に入園することが決まりました。孫の口座を開設しまとまった金銭を贈与したいと思います。

着 眼 点	作成のポイント
幼児への贈与は成立するか	1 親権者が幼児に代わって契約する
預貯金通帳の口座開設及びその管理はどうしたらよいか	2 親権者が通帳を作成し管理する
通帳の管理・受贈者への引渡しはどうしたらよいか	3 受贈者が一定年齢になったら通帳を引き渡すことを明記する
税務上の取扱いはどうなるか	4 贈与税の申告義務について確認する

解 説

1 親権者が幼児に代わって契約する

　贈与は贈与者が財産を受贈者に「あげる」という意思表示を行い、受贈者がその財産を「もらう」という意思表示があることによって成立します。民法では「法律行為の当事者が意思表示をした時に意思能力を有しなかったときは、その法律行為は、無効とする。」（民3の2）と規定しており、受贈者が幼児である場合は贈与契約が成立しません。

したがって、贈与者との贈与契約は、親権者である親が受贈者に代わって行います（民818）。この場合、贈与が行われた事実があることを証拠として残すため、贈与契約書を作成します。このように、その代理人の署名又は押印がある文書は、真正に成立したものと推定されます（民訴228④）。

2　親権者が通帳を作成し管理する

　贈与契約書は作ったけれども、実際には契約書のとおり財産を移転していない場合、税務当局から贈与が成立していないと指摘される可能性が大きいです。現金でのやりとりは記録に残らないため、贈与者・受贈者の預貯金通帳を介して行いましょう。

　未成年者の口座開設及び預貯金の管理は親権者が代わって行います（民824）。子名義の通帳を作るときには、子の本人確認書類、親権者の本人確認書類及び子と親権者の関係を証明できる書類を準備します。

　預貯金通帳に振り込まれた金銭は受贈者の財産となりますが、受贈者が幼年の場合は自身の意思でお金を自由に使うことはできません。このため、親権者である親が受贈者に代わって通帳・金銭の管理を行うことになります。このような状況において、親がその金銭を使ったり、移動させたりすると、贈与の成立について税務当局から疑問視されるリスクを負いますので、このような行為は避けた方がよいでしょう。

3　受贈者が一定年齢になったら通帳を引き渡すことを明記する

　贈与者の相続が開始した際に、誰が受贈者名義の預貯金通帳を管理していたのか税務当局との間で問題となることが少なからずあります。子が成人年齢に達していても親がその通帳を管理していた場合、実質的に贈与は成立していないとして、相続財産に加算されるリスク

があります。このため、受贈者が成人年齢に達するなど一定の年齢に達したときに速やかに預貯金通帳の受渡しを行い、受贈者に金銭の管理を任せましょう。

4 贈与税の申告義務について確認する

　未成年者は相続時精算課税制度を選択することはできませんから、暦年課税が適用され、贈与税の税率は一般税率が適用されます。年間の基礎控除額110万円を超える財産の贈与を受けた場合に申告が必要になり、受贈者が幼児であっても申告・納税をしなければなりません。この場合、実際には、親権者が幼児を代理して申告と納税の手続を行います。

　なお、贈与税は、贈与を受けた幼児が負担することになり、親権者である親が子に代わって税金を負担すれば、子が親から贈与税相当額の贈与を受けたとして贈与税の課税対象になります。

　また、祖父から孫への贈与は生前贈与加算の対象となりませんが、孫が死亡保険金の受取人になっている場合や、遺贈により相続財産を取得した場合、父の代襲相続人となる場合などは、生前贈与加算の対象となるので注意しましょう。

第2章　ケース・スタディ　　　197

文　例

贈与契約書

　贈与者甲野太郎（以下「甲」という。）と受贈者甲野乙郎（以下「乙」という。）の間で、次のとおり贈与契約を締結した。

第1条　甲は、その所有する次の財産を以下に定める約定に従い乙に贈
　　与し、乙はこれを受諾した。

　　　現金　〇〇万円

第2条　甲は乙に対し、前条記載の金銭を乙指定の下記口座に振り込ん
　　で支払う。

記

　　　銀行名　　〇〇銀行
　　　支店名　　〇〇支店
　　　口座種類　普通預金
　　　口座番号　〇〇〇〇〇〇〇
　　　口座名義　甲野乙郎

第3条　前条記載の口座の通帳に関しては乙の親権者である甲野丙郎
　　（以下「丙」という。）が管理することとする。ただし、乙が成人とな
　　る令和〇年〇月〇日以降に丙は乙に対して遅滞なく通帳を引き渡すこ
　　ととする。

　上記のとおり契約したので、本書2通を作成し、甲乙各自その1通を
保有する。

　ただし、乙が保管すべき契約書は、乙に代わって丙が保有し、第3条
に掲げる通帳の引渡しに併せて乙に引き渡すこととする。

令和○年○月○日

　　　　　　　　　　　○○県○○市○○町○丁目○番○号

　贈与者（甲）　　　　　　　　　　　甲野　太郎　㊞

　　　　　　　　　　　○○県○○市○○町○丁目○番○号

　受贈者（乙）　甲野　乙郎　法定代理人　甲野　丙郎　㊞

　　　　　　　　　　　　法定代理人　甲野　花子　㊞

※　金銭の贈与については、契約書に貼付する収入印紙は不要です。

第2章　ケース・スタディ　　199

Case22　子を契約者とする生命保険に係る保険料を贈与する場合

> **ケース**　　子を死亡保険金の受取人とする生命保険契約を交わしていますが相続税の非課税枠を超えています。そこで、相続税の納税資金対策として、被保険者を私とする生命保険の契約者を子になってもらい、その保険料を贈与したいと考えています。

着　眼　点	作成のポイント
相続税の非課税枠を超えたら、どのような生命保険契約を交わしたらよいか	1　生命保険契約の内容を確認する
どのタイミングで贈与したらよいか	2　金銭の受渡し方法を確認する
課税上の取扱いはどうなるか	3　生命保険契約の課税関係について確認する

解　説

1　生命保険契約の内容を確認する

　通常、相続税の課税対象となる死亡保険金は、一定金額（500万円×法定相続人の数）まで非課税とされています。この非課税枠を利用する観点から、推定被相続人が保険契約者（保険料負担者）及び被保険

者となり、死亡保険金の受取人を子とする生命保険契約が一般的といえます。

なお、この非課税枠を超える死亡保険金については、相続税の課税対象とされることから、生前対策として、推定被相続人（親）が推定相続人（子）に対し現金を贈与し、贈与を受けた子が次の内容とする生命保険契約を交わすという節税策が考えられます。

① 保険契約者（保険料負担者）　推定相続人　（子）
② 被保険者　　　　　　　　　　推定被相続人（親）
③ 保険金受取人　　　　　　　　推定相続人　（子）

2　金銭の受渡し方法を確認する

親から子へ現金を贈与するに当たり、贈与を行った事実を証拠として残すことが重要です。そのため、親の預貯金通帳から子の預貯金通帳へ金銭の受渡しを行います。親が子のために開設し親が管理している預貯金は親の名義預金と判断される可能性が高いことから、子自身が管理する子名義の預貯金通帳に振り込むことがポイントです。

また、子に無駄遣いをさせないように贈与した金銭は生命保険の保険料に充てる旨を契約書に明記しておきます。

3　生命保険契約の課税関係について確認する

親の相続が開始した際に支払われる生命保険について、保険料相当額の金銭の贈与を受けた子が契約者となり、子自身が保険料を負担した場合、その死亡保険金は相続税の課税財産ではなく、所得税の一時所得となります。一時所得の金額は、死亡保険金から払込保険料を控除し、さらに一時所得の特別控除50万円を差し引いた金額です。課税対象とされるのは、その金額をさらに2分の1にした金額となります。

第 2 章　ケース・スタディ　　　201

　相続時精算課税贈与を利用すると年間110万円までの贈与は、贈与税の課税対象とならず、また、相続開始時に特定贈与者の相続財産に加算されないことから、長期間継続して贈与を行うことによる節税効果は大きいと思料します。

　毎年110万円ずつ贈与することによって、親の相続財産を非課税で子に移転し、その贈与額でもって上記保険契約を締結し、相続開始時には、子への所得税課税（一時所得）により相続税の節税を図り、さらに相続税の納税資金を確保することが可能となるので相続税対策としては有効です。

文 例

贈与契約書

　贈与者甲野太郎（以下「甲」という。）と受贈者甲野次郎（以下「乙」
という。）の間で、次のとおり贈与契約を締結した。
第１条　甲は乙に対し、次の財産を以下に定める約定に従い乙に贈与し、
　乙はこれを受諾した。
　　現金　　○○万円
第２条　甲は乙に対し、前条記載の金銭を乙の指定する下記口座に振り
　込んで支払う。
記
　　銀行名　　○○銀行
　　支店名　　○○支店
　　口座種類　普通預金
　　口座番号　○○○○○○○
　　口座名義　甲野次郎
第３条　乙は、第１条記載の金銭を自身が契約者となる生命保険契約に
　かかる保険料に充てるものとする。

　上記のとおり契約したので、本書２通を作成し、甲乙各自その１通を
保有する。

　令和○年○月○日
　　　　　　　　　　　　○○県○○市○○町○丁目○番○号
　　　　贈与者（甲）　　　　　　　　甲野　太郎　㊞
　　　　　　　　　　　　○○県○○市○○町○丁目○番○号
　　　　受贈者（乙）　　　　　　　　甲野　次郎　㊞

※　金銭の贈与については、契約書に貼付する収入印紙は不要です。

第2章　ケース・スタディ　　203

Case23　住宅ローンを援助するために金銭を贈与する場合

> **ケース**　　私と共働きの長女夫婦は、共有名義で二世帯住宅を購入し、私と妻はそこに住む計画を立てています。
> 　住宅ローンの返済に当たり、長女に援助してやりたいと考えています。

着 眼 点	作成のポイント
長女夫婦に対しどのように支援を行うか	1　具体的な支援方法を話し合う
家屋や土地の名義はどうすればよいか	2　住宅取得資金の拠出割合を考慮した登記とする
具体的にどのような節税策があるか	3　住宅取得に係る資金の贈与に関する課税関係を確認する
今後、長女夫婦に何かとお世話になるので、特別受益の持戻しの免除を行いたい	4　持戻しの免除を行う場合は明記する

解　説

1　具体的な支援方法を話し合う

　住宅の取得に当たっては、大きな金額の金銭が動き、また、ローン金利の動きにも目を離せないところです。住宅取得資金の支援の仕方についても税の優遇措置を踏まえ、住宅を取得する前にまとまった額

の贈与を行う、住宅取得後に毎年必要額の贈与を行うなど、いくつか
の選択肢があります。住宅取得前に支援を行うのか、住宅取得後に支
援を行うのか、贈与税の特例制度を使うのかによって、贈与税の負担
額や登記内容にも影響しますので、贈与方法や家屋の所有形態などを
考慮し、具体的な支援策について家族間で話合いの場を設けるとよい
でしょう。

2　住宅取得資金の拠出割合を考慮した登記とする

　二世帯住宅を取得し登記を行う場合、①二世帯住宅を一戸の住宅と
考え、一人の者が住宅の取得代金を全額負担する単独登記、②二世帯
住宅を一戸の住宅と考え、親世代と子世代とが資金の負担割合に応じ
て共有名義とする共有登記、③二世帯住宅を二戸の住宅と考え、親世
代と子世代とが各々の住宅の取得代金を負担する区分所有登記があり
ます。税務上、登記の名義人（持分）と実際に住宅取得資金を負担し
た者が異なる場合、贈与税課税の問題が生じます。爾後において、贈
与税の問題が生じないよう、拠出割合と登記の名義を一致させておく
必要があります。

3　住宅取得に係る資金の贈与に関する課税関係を確認する

　住宅取得における贈与には、次の贈与税の特例制度があります。そ
れぞれの制度の適用要件を確認し、相続対策も踏まえた最適な贈与を
行いましょう。
　（1）　住宅取得前にまとまった額の住宅取得資金を贈与する場合
　住宅取得等資金の贈与の非課税（租特70の2）、住宅取得等資金の贈
与を受けた場合の相続時精算課税の特例（租特70の3）の利用を検討し
ましょう。住宅取得等資金の贈与の非課税の適用を受けると最高
1,000万円まで非課税で贈与することができます。また、住宅取得等

資金の贈与を受けた場合の相続時精算課税を利用すると住宅取得等資金の贈与の非課税との併用で最大3,610万円（基礎控除110万円＋特別控除2,500万円＋住宅取得等資金の贈与の非課税額1,000万円）まで贈与税の負担なく贈与することができます。

（2）　住宅取得後に住宅ローン返済資金を贈与する場合

相続時精算課税の基礎控除を利用すると年間110万円までの贈与は課税されず、また、贈与者の相続開始時に相続財産に加算される措置はありません（相税21の11の2・21の12、租特70の2の4）。なお、暦年課税贈与の場合は、同じく年間110万円までの贈与は課税されませんが、相続開始前7年間の贈与は、贈与者の相続開始時に相続財産に加算されることとなります（相税19）。

4　持戻しの免除を行う場合は明記する

相続開始後、共同相続人の中に、被相続人から遺贈や生前贈与によって特別の利益を受けた者がいる場合に、その相続人の受けた贈与等の利益のことを特別受益といい、被相続人の相続開始の時に有した相続財産の額に合算した上で、各相続人の相続分を計算しなければなりません。これを特別受益の持戻しといいます（民903①）。

しかし、推定被相続人が特定の推定相続人について、贈与や遺贈の分を多く遺したいと考えているような場合、特別受益の持戻しが行われると、推定被相続人の意思に反することとなってしまいます。

このような場合、特別受益の持戻しを免除することで、推定被相続人の「特定の推定相続人を優遇したい」という意思を実現できます（民903③）。持戻しの免除を行おうとする場合は、贈与契約書にその旨明記します。

文 例

贈与契約書

　贈与者甲野太郎（以下「甲」という。）と受贈者乙野花子（以下「乙」という。）の間で、次のとおり贈与契約を締結した。

第1条　甲は、乙に対して現金〇〇万円を贈与することを約し、乙はこれを承諾した。

第2条　本件贈与の目的は、令和〇年〇月〇日に購入した住宅ローンの返済の援助のためである。

第3条　甲は第1条に基づき贈与した現金を、令和〇年〇月〇日までに、乙が指定する下記口座に振り込むものとする。

記

　　銀行名　　〇〇銀行
　　支店名　　〇〇支店
　　口座種類　普通預金
　　口座番号　〇〇〇〇〇〇〇
　　口座名義　乙野花子

第4条　本件贈与による特別受益の持戻しについては免除する。

　上記のとおり契約したので、本書2通を作成し、甲乙各自その1通を保有する。

　令和〇年〇月〇日

　　　　　　　　　　　　〇〇県〇〇市〇〇町〇丁目〇番〇号
　　　贈与者（甲）　　　　　　　　甲野　太郎　㊞
　　　　　　　　　　　　〇〇県〇〇市〇〇町〇丁目〇番〇号
　　　受贈者（乙）　　　　　　　　乙野　花子　㊞

※　金銭の贈与については、契約書に貼付する収入印紙は不要です。

第2章　ケース・スタディ　　207

Case24　不動産小口化商品を姪に贈与する場合

> **ケース**　　私は不動産小口化商品を10口購入し、運用していますが、このうち5口を姪に贈与したいと考えています。なお、私の相続人はこの姪だけですので、私の全財産を姪に相続させることとしています。

着　眼　点	作成のポイント
不動産小口化商品を購入し、運用しているが節税効果は得られるか	1　不動産小口化商品の契約内容を確認する
贈与契約書を作成する際に、どのような点に留意すべきか	2　贈与契約書の記載事項等を確認する
課税関係が多岐にわたることで、税務当局から否認されるリスク等はあるか	3　不動産小口化商品に係る課税関係について確認する

解　説

1　不動産小口化商品の契約内容を確認する

　不動産小口化商品は、不動産特定共同事業法の許可を受けた事業者が提供するもので、相続税対策として節税効果が大きい「任意組合型」と呼ばれるタイプが人気を得ています。複数の投資家が不動産特定共同事業者と民法上の組合契約を交わし組合を組成し、その組合が出資により取得した不動産を賃貸等によって運用し、その収益を投資家に分配するという仕組みの商品です。不動産の所有権は、組合員である

投資家及び不動産特定共同事業者に帰属します。よって、組合に生じた損益は直接組合員に帰属し、所得税の課税上は、現物の不動産を所有している場合と同様の取扱いとなります。また、相続や贈与を行う際の評価は、不動産の評価となるため、節税効果は大きいといえます。

このほか「匿名組合型」と呼ばれるタイプは、匿名組合員である投資家の出資金により不動産特定共同事業者が不動産等を購入・運用し、得られた収益を投資家に分配するもので、投資家は分配された利益について課税されることになります。このタイプでは、相続や贈与を行う際の評価として、不動産の評価を使うことはできません。

なお、不動産小口化商品によっては、譲渡制限（贈与制限）が付されているものがあるので、その商品が贈与可能か否かの確認を要します。

2 贈与契約書の記載事項等を確認する

任意組合型の不動産小口化商品の対象不動産は、投資家及び不動産特定共同事業者の共有となり、登記費用や不動産取得税も発生します。贈与契約によって、登記の名義人が変わることから、贈与契約において必要となる記載事項を、あらかじめ不動産特定共同事業者に確認しておく必要があります。また、組合を運営するための費用や対象不動産を管理するための固定資産税及び都市計画税や修繕積立金などの諸費用の負担が生じるので、これらの負担についても契約書に明記します。

3 不動産小口化商品に係る課税関係について確認する

（1） 贈与契約を交わしたとき（贈与税）

任意組合型の不動産小口化商品について、贈与税を計算する際の不動産の評価に当たり、評価方法の定めがないことから、財産評価基本

通達に定める評価方法に準じて評価します（評基通5）。不動産の所有権は直接組合員である投資家に帰属することを考慮すると、土地・家屋について、財産評価基本通達の路線価方式及び固定資産税評価額によって評価し、一定の要件を満たす場合は、小規模宅地等の特例を適用することが可能です。

　なお、不動産小口化商品の対象不動産が一定の区分所有マンションである場合は、上記の財産評価基本通達による評価額に区分所有補正率を乗じて算出することとなります（マンション通達）。

　また、国税庁は、「評価基本通達6《この通達の定めにより難い場合の評価》は、評価基本通達の定めによって評価することが著しく不適当と認められる場合には、個々の財産の態様に応じた適正な時価評価が行えるよう定めており、これは、本通達を適用した場合であっても同様に適用があるため、一室の区分所有権等に係る敷地使用権及び区分所有権の価額について、評価基本通達6の定めにより、本通達〔編注：マンション通達〕を適用した価額より高い価額に評価することもあります」（令和6年5月14日付「居住用の区分所有財産の評価に関するQ&Aついて」（情報）問9）としており、不動産の時価（売買実例価額）と評価額に著しい乖離があるなど課税上弊害があると判断した場合には、財産評価基本通達6を適用する旨注意を促しています。さらに、今後の通達改正により、節税効果が減少するリスクもあります。

（2）　組合に生じた損益（所得税）

　任意組合型における投資家に分配される収益の課税関係は、パススルー課税が適用され（所基通36・37共−19）、組合は課税されず、投資家は不動産所得として、確定申告が必要です。なお、組合契約を締結している組合員に該当する個人が、組合事業により生ずる不動産所得の損失がある場合、不動産所得の計算及び損益通算その他所得税に関す

る法令の適用について、その損失の金額は生じなかったものとみなされますので（租特41の4の2①②）、この点注意が必要です。

（3）　インボイス制度（消費税）

対象不動産がオフィスビルである場合、賃料には消費税が課税されます。パススルー課税においては、賃料収入は、消費税を含んだところで投資家に帰属することとなります。消費税のインボイス制度において、投資家が適格請求書発行事業者の登録を行っていない場合、オフィスビルの賃借人は消費税の仕入税額控除が適用できなくなることから、投資家は免税事業者である場合であっても、適格請求書発行事業者の登録を行わなければならない場面が生じ、消費税の確定申告が必要となることがあります。

（4）　運用終了後は対象不動産を売却（所得税）

組合は原則として対象不動産を売却することにより解散します。あらかじめ定められた組合期間内に、不動産特定共同事業者が市況を勘案しつつ対象不動産の売却の検討を行います。対象不動産の売却によって得られた代金を、投資家の出資持分によって分配し組合は解散します。投資家が解散によって分配を受けた利益は、譲渡所得課税の対象となります。

文 例

```
┌─────┐
│収 入│
│印 紙│        不動産小口化商品贈与契約書
│ ㊞  │
└─────┘
```

　贈与者甲野太郎（以下「甲」という。）と受贈者乙野乙子（以下「乙」という。）の間で、次のとおり贈与契約を締結した。

第1条　甲は、その所有する後記不動産小口化商品5口を以下に定める約定に従い乙に贈与し、乙はこれを受諾した。

第2条　甲は乙に対し、令和○年○月○日限り後記不動産小口化商品に付随する不動産の所有権移転登記手続を行う。

第3条　組合を運用するための費用等、下記不動産を管理するための費用に関しては、当該贈与契約の締結後は乙の負担とする。

　上記のとおり契約したので、本書2通を作成し、甲乙各自その1通を保有する。

　令和○年○月○日

　　　　　　　　　　○○県○○市○○町○丁目○番○号
　　　　贈与者（甲）　　　　　　　　甲野　太郎　㊞
　　　　　　　　　　○○県○○市○○町○丁目○番○号
　　　　受贈者（乙）　　　　　　　　乙野　乙子　㊞

　　　　　　　　　　　　記

不動産小口化商品の表示
　　運用会社　　　○○○○
　　会社所在地　　○○県○○市○○町○丁目○番○
　　商品名　　　　○○○○

不動産の表示

1　土　地
　　所在　東京都〇〇区〇〇〇丁目
　　地番　〇番〇
　　地目　宅地
　　地積　〇〇m^2
2　家　屋
　　所在　　　東京都〇〇区〇〇〇丁目〇番〇
　　家屋番号　〇〇
　　種類　　　事務所
　　構造　　　鉄筋コンクリート造陸屋根〇階建
　　床面積　　1階　〇〇.〇〇m^2
　　　　　　　2階　〇〇.〇〇m^2

第2章　ケース・スタディ　　213

Case25　子へ個人事業の承継に併せて事業用資産を贈与する場合

> **ケース**　　私は運送業を経営していますが、高齢となったため、今まで手伝ってくれた長女に経営を承継したいと考えています。なお、当事業所は店舗のほか複数のトラックなど相当額の事業用資産があります。

着　眼　点	作成のポイント
事業承継に係る税金の負担が心配である	1　個人版事業承継税制について確認する
個人事業を贈与する際の契約書には何を記載すべきか	2　贈与する全ての事業用資産を記載する
トラックは未償却残高で評価しなければならないか	3　事業用資産の課税関係を確認する
開廃業に関する届出等はどうすればよいか	4　税務上の開廃業の申請手続等を確認する

解　説

1　個人版事業承継税制について確認する

　特定事業用資産を有していた一定の要件を満たす個人が、後継者にその事業に係る特定事業用資産の全ての贈与を行った場合には、担保の提供を条件に、その後継者が納付すべき贈与税額のうち、特定事業用資産に対応する贈与税の納税が猶予されます。また、特定事業用資

産の承継後、一定の事由に該当した場合に猶予額が免除されます。この特例は、平成31年4月1日から令和8年3月31日までに、個人事業承継計画を都道府県知事に提出した場合に適用されます（租特70の6の8〜70の6の10、中小承継則17①三・④）。

　なお、特定事業用資産とは、贈与者の事業の用に供されていた次の資産で、事業所得に係る青色申告書に添付された貸借対照表に計上されたものが対象となります。

① 　土地等のうち、建物又は構築物の敷地の用に供されるもの

② 　建物

③ 　建物以外の減価償却資産

2　贈与する全ての事業用資産を記載する

　事業用の店舗や土地を含め贈与する全ての事業用資産を契約書に明記します。運送業を営むための土地及び店舗のほか経営する上で必要となる事業資産についても目録を作成します。また、事業用資産であるトラックは1台ごとに目録を作成します。取得年月日、購入金額、未償却残高（帳簿価額）を併せて記載します。

3　事業用資産の課税関係を確認する

　個人版事業承継税制において、納税猶予及び免税の特例の対象となる資産については、特定事業用資産に限られます。家庭用資産については特例の対象となりません。店舗併用住宅のうち事業の用に供していない部分については、個人版事業承継税制の対象外となります。

　店舗併用住宅のうち事業の用に供していない部分を事業用資産と併せて贈与する場合は、贈与税も高額になるため、納税資金のための現金を贈与するなどの対応や相続時精算課税贈与を選択することも有効です。

第2章　ケース・スタディ　　215

　なお、旧事業主が特定事業用資産に該当しない事業用資産を贈与した場合には、所得税の収入金額に計上するほか消費税の課税売上として計上しなければなりません。

4　税務上の開廃業の申請手続等を確認する

　旧事業主から新事業主に贈与によって経営が承継された場合、税務上、旧事業主の廃業の手続及び新事業主の開業の手続を行わなければなりません。

　事業を廃業する場合の税務上の手続として、次の届出等が必要です。

　開業する場合の手続は前掲Case16を参照してください。

○廃業に係る税務上の届出書等

届出書等	提出期限等
個人事業の廃業届出書	事業廃業の日から1か月以内
所得税の青色申告の取りやめ届出書	青色申告書による所得税の申告を取りやめようとする年の翌年3月15日までに提出
給与支払事務所等の廃止届出書	廃止の日から1か月以内（個人事業の廃業届出書を提出する場合を除きます。）
消費税の事業廃止届出書	事由が生じた場合、速やかに
消費税課税事業者選択不適用届出書	事由が生じた場合、速やかに
消費税簡易課税制度選択不適用届出書	事由が生じた場合、速やかに
適格請求書発行事業者の登録の取消しを求める旨の届出書	届出書を提出した日の属する課税期間の翌課税期間の初日から登録の効力を失わせるためには、翌課税期間の初日から起算して15日前の日までに提出

文 例

```
┌──────┐
│ 収 入 │
│ 印 紙 │
│   ㊞ │
└──────┘
```

贈与契約書

　贈与者甲野太郎（以下「甲」という。）と受贈者乙野乙子（以下「乙」という。）の間で、次のとおり贈与契約を締結した。

第1条　甲は、その所有する後記財産目録に記載の財産を以下に定める約定に従い乙に贈与し、乙はこれを受諾した。

第2条　甲は乙に対し、令和○年○月○日限り後記財産目録記載の不動産の所有権移転登記手続及びその引渡しを行う。

　上記のとおり契約したので、本書2通を作成し、甲乙各自その1通を保有する。

　　令和○年○月○日

　　　　　　　　　　　○○県○○市○○町○丁目○番○号

　　　　　　贈与者（甲）　　　　　　　甲野　太郎　㊞

　　　　　　　　　　　○○県○○市○○町○丁目○番○号

　　　　　　受贈者（乙）　　　　　　　乙野　乙子　㊞

　　　　　　　　　　　　記

財産目録
　店　舗
　　不動産の表示
　1　土　地
　　　所在　○○県○○市○○町○丁目
　　　地番　○番○
　　　地目　宅地
　　　地積　○○m²

2 家　屋

所在　　　　○○県○○市○○町○丁目○番○

家屋番号　　○○

種類　　　　○○

構造　　　　○○

床面積　　　○階　○○.○○m^2

　　　　　　○階　○○.○○m^2

トラック

取得年月日　　　　　　　令和○年○月○日

購入金額　　　　　　　　○○万円

未償却残高　　　　　　　○○万円

自動車登録番号又は車両番号　○○　○○○　あ　○○○○

車台番号　　　　　　　　○○○－○○○○○○

事業用資産の表示

1　○○

2　○○

218 第2章 ケース・スタディ

Case26 自宅の持分を妻に贈与する場合

> **ケース**　私は都心のマンションで妻と生活しています。近い将来、地方で暮らす両親の面倒をみるため、このマンションを手放すことも視野に入れています。そこで、節税対策として妻に持分を贈与したいと考えています。

着　眼　点	作成のポイント
将来に備えどのようにマンションを処分すればよいか	1　今後の資産承継についてシミュレーションする
マンションの半分を妻の名義として将来の売却に備えたい	2　贈与するマンションの持分及び評価額を明記する
マンションの値上がり傾向が続いており、妻に持分を贈与した場合の税金が心配である	3　課税関係を確認する

解　説

1　今後の資産承継についてシミュレーションする

　居住用不動産を将来手放す予定があるときは、その居住用不動産の名義人の相続が開始した後に、相続人の財産として売却するか、相続が開始する前に売却・現金化するかによって、相続税額に大きな差異が生じます。特に都心のマンションの場合は、市場価格と相続税評価

額の乖離が大きいことから、この傾向が顕著といえます。また、居住
用不動産を売却したときは、譲渡所得課税の対象となりますので、ど
のような処分の仕方が最も高い節税効果を得られるのかあらかじめシ
ミュレーションしておくことが肝要といえます。

2 贈与するマンションの持分及び評価額を明記する

　マンションの持分を配偶者に贈与することによって、贈与者に相続
が開始した際の相続税額を一定額減少させる効果が得られます。ま
た、贈与税の配偶者控除（下記3参照）を利用することによって2,110
万円まで無税で配偶者に持分を移転することができます。贈与契約書
には贈与する建物及び土地の評価額並びに贈与する持分を記載しま
す。

　なお、区分所有マンションの評価に当たっては、「居住用の区分所有
財産の評価について（法令解釈通達）」（令5・9・28課評2−74・課資2−
16）に基づき計算することとなります。

3 課税関係を確認する

　婚姻期間が20年以上の夫婦の間で、居住用不動産又は居住用不動産
を取得するための金銭の贈与が行われた場合、基礎控除110万円のほ
かに最高2,000万円まで控除（配偶者控除）されます（通称「おしどり
贈与」と呼ばれています。）（相税21の5・21の6）。なお、不動産の名義
変更において、登録免許税、不動産取得税、その他諸費用が発生する
ため、この点に注意を要します。

　また、将来、居住用財産を譲渡した際に、一定の要件を充たす場合
には譲渡所得から最高3,000万円（夫婦共有の場合は、それぞれ3,000
万円、計6,000万円）まで控除を受けることができます（租特35①②）。

居住用不動産を、令和7年12月31日までに売って、代わりの居住用不動産に買い換えたときは、一定の要件の下、譲渡益に対する課税を将来に繰り延べることができます（租特36の2）。この場合、居住用不動産を現金に換えることがないため、相続財産が現金に替わることによる相続財産の増加を避けることができます。

ただし、居宅をおしどり贈与により配偶者に贈与し、その後贈与者が亡くなった場合には、居住の用に供されていた宅地等に係る小規模宅地等の特例が使えなくなることもあるので、よく検討した上で活用してください。

第2章 ケース・スタディ　　221

文　例

> ┌─────┐
> │収　入│
> │印　紙│
> │　㊞　│
> └─────┘
> 　　　　　　　　　不動産贈与契約書
>
> 　贈与者甲野太郎（以下「甲」という。）と受贈者甲野乙子（以下「乙」
> という。）の間で、次のとおり贈与契約を締結した。
> 第1条　甲は、その所有する後記不動産を以下に定める約定に従い乙に
> 　　贈与し、乙はこれを受諾した。
> 第2条　甲は乙に対し、令和○年○月○日限り後記不動産の所有権移転
> 　　登記手続及びその引渡しを行う。
>
> 　上記のとおり契約したので、本書2通を作成し、甲乙各自その1通を
> 保有する。
>
> 　令和○年○月○日
> 　　　　　　　　　　　　○○県○○市○○町○丁目○番○号
> 　　　　　　　　贈与者（甲）　　　　　　甲野　太郎　㊞
> 　　　　　　　　　　　　○○県○○市○○町○丁目○番○号
> 　　　　　　　　受贈者（乙）　　　　　　甲野　乙子　㊞
>
> 　　　　　　　　　　　　　記
> 不動産の表示
> 　（一棟建物の表示）
> 　　所在　　　　　○○県○○市○○町○丁目○番○
> 　　建物の名称　　○○
> 　（敷地権の目的たる土地の表示）
> 　　土地の符号　　○
> 　　所在及び地番　○○県○○市○○町○丁目○番○
> 　　地目　　　　　宅地
> 　　地積　　　　　○○.○○m²

（専有部分の建物の表示）

　家屋番号　　　○○

　建物の名称　　○○

　種類　　　　　居宅

　構造　　　　　○○

　床面積　　　　○階部分　○○.○○m^2

（敷地権の表示）

　土地の符号　　　○

　敷地権の種類　　所有権

　敷地権の割合　　○分の○

　贈与者の持分　　○分の○

　評価額　　　　　○○万円（持分反映後の相続税評価額）

第2章　ケース・スタディ　　223

Case27　国外で生活している子に金銭を贈与する場合

> **ケース**　　長女は大学卒業後、アメリカN州を拠点に生活し
> ていますが、このたび海外で住宅を購入すると聞き、まとまった
> 金銭を贈与したいと思います。

着 眼 点	作成のポイント
国外への送金はどのように行えばよいか	1　金銭の受渡し方法について確認する
贈与者と受贈者の居住地国が異なる場合はどうなるか	2　適用される準拠法を明確にする
国外へ送金した場合、贈与による送金であると認めてもらえるか	3　贈与契約書の記載内容等について確認する
長女は現地で贈与税を納税しなければならないか	4　日米相続税条約を確認する
日本では贈与税の申告をどのように行えばよいか	5　日本国内の課税関係や手続を確認する

解　説

1　金銭の受渡し方法について確認する

　日本国内の金融機関から国外の金融機関へ送金を行うためには、送金者のマイナンバーカードや運転免許証などの本人確認書類のほか、送金先の受取人氏名や住所、金融機関名や支店名、SWIFT／BIC、送金目的などが必要です。為替レートに注意を払う必要があるほか、1日当たりの送金限度額を設けている金融機関もあります。国内の金融

機関への送金とは異なり、時間や手間を要することから、送金額や送金の期限を確認したら、余裕をもって準備しましょう。

なお、SWIFT／BICとは世界の主要金融機関が加盟する通信ネットワーク・SWIFT（スイフト）が、ネットワーク加盟各行に割り当てた銀行・支店識別用コードです。SWIFTコード又はBIC（ビック）と呼ばれます。8桁又は11桁のアルファベットと数字で構成されています（出典：りそな銀行HP）。

2　適用される準拠法を明確にする

贈与契約を結ぶに当たり、贈与者と受贈者の居住地国が異なる場合、どちらの国の法律が適用されるかという準拠法につき、法の適用に関する通則法7条では「法律行為の成立及び効力は、当事者が当該法律行為の当時に選択した地の法による。」と規定され、当事者の合意によって決定することとされています。したがって、どちらの国の準拠法を選択することを合意したのか契約書に織り込む必要があります。

3　贈与契約書の記載内容等について確認する

日本の民法は、贈与契約につき口頭でも成立する旨規定していますが（民549）、贈与契約成立のために文書が必要な国もあります。日本の民法が準拠法にならない場合は、口頭による贈与契約は成立しないケースも考えられます。また、入金された金銭が贈与に基づくものであることが明確でない場合、国外からの不明入金として予期せぬ課税関係に発展することもあり得ます。贈与契約を有効に成立させ、予期せぬ事態を招かないよう、贈与契約書には準拠法のほか送金目的などについても明記した方がよいでしょう。

4　日米相続税条約を確認する

日本における贈与税の納税義務者は、受贈者です。

また、米国における贈与税の納税義務者は贈与者とされており、そ

の贈与者が米国国民、米国居住者、又は米国非居住者であるかによって課税関係が異なります。

この場合、租税条約に定めがあるときには、国内法に優先して適用することとなります（憲98②）。

贈与税の納税義務者の判定について、日米間においては、「その贈与の時に自国内に住所を有していたかどうか又は自国の国籍を有していたかどうかを、自国の法令に従って決定することができる」（日米相続税条約2③）とされていることから、米国における納税義務者の判定は米国の国内法に従うことになります。そして、贈与者が米国非居住者である場合は、米国に所在しない財産は課税対象外とされています。よって、日本居住者が日本国内所在の財産を贈与した場合は米国の贈与税（連邦税）は課税対象外とされます。

なお、N州で州税としての贈与税の制度がある場合には、別途贈与税が課税されることがあります。

5　日本国内の課税関係や手続を確認する

贈与者が日本居住者である場合、受贈者の国籍や贈与財産の所在地国に関わらず、その者が贈与により取得した全ての財産について日本の贈与税が課税されます（相税1の4①）。

したがって、国外に居住する受贈者は、日本の贈与税の申告及び納税を行わなければなりません。この場合、受贈者は日本に住所又は居所を有する者を納税管理人として定め、その納税管理人の所轄税務署長宛てに納税管理人の届出を行います（税通117①②）。そして、その納税管理人が受贈者に代わって贈与税の申告及び納税を行うこととなります。

なお、日本国内で住宅を取得しようとする場合、一定の条件を満たすときは住宅取得等資金贈与の非課税の適用を受けることができますが、本ケースにおいては、国外の住宅を取得するということですから、同非課税の適用はありません（租特70の2②二、租特令40の4の2②）。

文 例

贈与契約書

　贈与者甲野太郎（以下「甲」という。）と受贈者乙野乙子（以下「乙」という。）の間で、次のとおり贈与契約を締結した。

第1条　甲は、その所有する金銭○○万円を以下に定める約定に従い乙に贈与し、乙はこれを受諾した。

第2条　本件贈与の目的は、乙がアメリカN州での住居を購入する援助のためである。

第3条　甲は第1条の金銭を令和○年○月○日までに、乙が別途指定する口座に送金するものとする。

第4条　本契約は、日本法を準拠法とし、日本法に従って解釈されるものとする。

　上記のとおり契約したので、本書2通を作成し、甲乙各自その1通を保有する。

　令和○年○月○日

　　　　　　　　　　○○県○○市○○町○丁目○番○号

　　　　　　　贈与者（甲）　　　　　　　　甲野　太郎　㊞

　　　　　　　　　　N州住所

　　　　　　　受贈者（乙）　　　　　　　　乙野　乙子　㊞

※　金銭の贈与については、契約書に貼付する収入印紙は不要です。

第2章　ケース・スタディ　　227

Case28　国外に居住する子に賃貸用の国外中古建物を贈与する場合

> **ケース**　　次男は海外赴任で、アメリカC州に10年を超えて生活しており、今後も引き続き居住する見込みです。私はC州に複数棟の賃貸用建物を所有しているので、このうち中古建物１棟を贈与したいと考えています。

着 眼 点	作成のポイント
国外に10年を超えて居住している次男は贈与税の課税対象とされるか	1　受贈者の納税義務について確認する
国外財産はどのように評価したらよいか	2　国外財産の評価について確認する
贈与契約書は日米両国に対応するように作成しなければならないか	3　贈与契約書に記載する事項等を確認する
米国内の所有する建物を贈与すると二重課税にはならないか	4　日米相続税条約等を確認する
贈与した賃貸用建物の損益計算はどうなるか	5　賃貸用の国外中古建物を贈与した場合の課税関係を確認する

第2章　ケース・スタディ

1　受贈者の納税義務について確認する

　贈与者が日本国内に住所を有し、受贈者が日本国籍を有する場合で、贈与前10年以内において日本国内に住所を有しないときは、受贈者は非居住無制限納税者となり、国内財産及び国外財産いずれの財産の贈与を受けても、贈与税の課税対象となります。

　本ケースにおいては、日本国内に住所を有する贈与者から、日本国内に住所を有しない日本国籍を有する者への国外財産の贈与であるため、次男は「非居住無制限納税者」として、国外財産の贈与について、日本の贈与税の納税義務があります。

2　国外財産の評価について確認する

　国内の不動産については、宅地は路線価方式又は倍率方式によって評価し、建物は固定資産税評価額によって評価します。

　国外にある財産の価額についても、財産評価基本通達に定める評価方法により評価することとされており、この通達の定めによって評価することができない財産については、同通達に定める評価方法に準じて評価するか、又は売買実例価額、精通者意見価格等を参酌して評価するものとされています。そして、この通達の定めによって評価することができない財産については、課税上弊害がない限り、その財産の取得価額を基にその財産が所在する地域若しくは国におけるその財産と同一種類の財産の一般的な価格動向に基づき時点修正して求めた価額又は課税時期後にその財産を譲渡した場合における譲渡価額を基に課税時期現在の価額として算出した価額により評価することができるとされています（評基通5－2）。

本ケースにおいては、現地の不動産鑑定士に相当する資格を有する者などの専門家に鑑定を依頼するとよいでしょう。

3　贈与契約書に記載する事項等を確認する

贈与契約書は現地の建物の引渡しや課税関係にも影響することから、必要な記載事項等をあらかじめ現地の専門家等に確認しておく必要があります。この点、両国に対応できるよう日本語版の契約書と英文版の契約書を作成することも考慮します。

日本国内で使用する契約書においては、課税関係を明確にするため、次の項目を明記します。

① 　贈与契約日

② 　建物の所在地（家屋番号等）

③ 　建物の評価額

財産の換算については、対顧客直物電信買相場（TTB）を使用します。

（計算例）

贈与日の為替相場：TTB　150.00　　TTS　152.00

国外居住用不動産の売買実例価額：200,000ドル

贈与税の評価額：200,000ドル × 150.00 = 3,000万円

4　日米相続税条約等を確認する

米国における贈与税の納税義務者は贈与者とされており、その贈与者が米国市民、米国居住者、又は米国非居住者であるかによって課税関係が異なります（前掲Case27参照）。

米国における納税義務者の判定は米国の国内法に従うことになり（日米相続税条約2③）、贈与者が米国非居住者である場合は、米国内で所有している資産は贈与税の課税対象とされます。よって、日本居住

者が米国内に所有する資産を贈与した場合は、米国の贈与税（連邦税）の計算においては、米国の贈与税の基礎控除額を超える贈与について、課税対象とされます。

なお、C州で州税としての贈与税の制度がある場合には、別途贈与税が課税されることがあります。

本ケースにおいては、同一不動産につき、贈与者及び受贈者双方に米国及び日本の贈与税が課税されることとなりますが、この点、国税庁質疑応答事例「贈与税に係る外国税額控除」では次のとおり外国税額控除を適用できる旨回答しています。

相続税法第21条の8は、「在外財産に対する贈与税額の控除」として①贈与により国外にある財産を取得した場合に、②当該財産につきその国（地）の贈与税に相当する租税が課せられたときには、③その財産に係る日本の贈与税額を限度としてその国（地）の贈与税額を控除する旨を定めており、その要件は、受贈者に贈与税が課せられたということではなく、あくまで、贈与財産について贈与税が課せられたということです。

したがって、我が国において受贈者に課せられる贈与税額の計算上、贈与者に課せられる贈与税額（外国税額）であっても、当該外国税額を控除することができます。

5　賃貸用の国外中古建物を贈与した場合の課税関係を確認する

本ケースにおいて、米国に所有する賃貸用の国外中古建物の贈与を受けた受贈者は、日本国内の法律に基づき贈与税の納税義務があります。この場合、暦年課税贈与の適用を受けるか、相続時精算課税贈与を選択することとなり、いずれの贈与についても、上記4の外国税額控除の適用があります（国税庁質疑応答事例「国外財産の贈与を受けた場合の

相続時精算課税の適用」参照)。なお、相続時精算課税贈与は、基礎控除額
（110万円）及び特別控除額の累計額（2,500万円）を超えた部分につ
いて贈与税課税（20％）がされ、その税額から外国税額控除を行うこ
ととなります。

　なお、令和3年以後の各年において、国内の個人が、国外中古建物
の賃貸に係る不動産所得に金額の計算上生じた損失の金額があるとき
は、その国外不動産所得の損失に相当する金額は、不動産所得の計算
及び損益通算その他所得税に関する法令の適用について、その損失の
金額は生じなかったものとみなされます（租特41の4の3①②）。また、
受贈者が贈与により取得した国外中古建物を譲渡した場合の取得費の
計算については、その国外中古建物の減価償却費の累積額から上記の
生じなかったとみなされた損失の金額を控除した金額となります（租
特41の4の3③）。

文 例

```
┌──────┐
│収　入│
│印　紙│
│　㊞　│
└──────┘
```

不動産贈与契約書

　贈与者甲野太郎（以下「甲」という。）と受贈者甲野次郎（以下「乙」という。）の間で、次のとおり贈与契約を締結した。

第1条　甲は、その所有する後記不動産を以下に定める約定に従い乙に贈与し、乙はこれを受諾した。

第2条　甲は乙に対し、令和○年○月○日限り後記不動産の引渡しを行う。

第3条　甲と乙はC州の法制度に従い、速やかに不動産の所有権移転手続を実施する。

　上記のとおり契約したので、本書2通を作成し、甲乙各自その1通を保有する。

　令和○年○月○日

　　　　　　　　　　　○○県○○市○○町○丁目○番○号
　　　　贈与者（甲）　　　　　　　　甲野　太郎　㊞
　　　　　　　　　　　C州住所
　　　　受贈者（乙）　　　　　　　　甲野　次郎　㊞

記

不動産の表示
　　建物の所在地　C州
　　建物の評価額　1,000,000ドル

文例のダウンロードについて

　本書に掲げた文例については、下記アドレス又はQRコードからWEBサイトにアクセスしていただき、データをダウンロードすることができます。

　ダウンロードしたデータは圧縮ファイル（パスワード付きzip形式）となっていますので、ファイルを開く際に下記パスワードをご入力の上、展開してご利用ください。

　アドレス：https://www.sn-hoki.co.jp/download_top/
　パスワード：zouyomodelbunrei

　なお、動作環境など詳しくは下記アドレスのWEBサイトをご確認ください。

　アドレス：https://www.sn-hoki.co.jp/guide/

条項例とケーススタディ
　　贈与契約書モデル文例集
　　　－争族の予防と税務リスクへの対応－

令和6年12月2日　初版発行

編　著　税理士法人チェスター
　　　　河　合　　　厚
　　　　前　山　静　夫
　　　　行政書士法人チェスター
　　　　古　庄　夏　耶
　　　　吉　田　幸　寛
発行者　　河　合　誠一郎

発　行　所　新日本法規出版株式会社

本　　　社
総 轄 本 部　（460-8455）名古屋市中区栄1－23－20

東 京 本 社　（162-8407）東京都新宿区市谷砂土原町2－6

支社・営業所　札幌・仙台・関東・東京・名古屋・大阪・高松
　　　　　　　広島・福岡

ホームページ　https://www.sn-hoki.co.jp/

【お問い合わせ窓口】
新日本法規出版コンタクトセンター
　📞 0120-089-339（通話料無料）
　●受付時間／9：00～16：30（土日・祝日を除く）

※本書の無断転載・複製は、著作権法上の例外を除き禁じられています。
※落丁・乱丁本はお取替えします。　　　　ISBN978-4-7882-9410-3
5100347　贈与契約文例
　　　　　　　　　　　Ⓒ税理士法人チェスター 他 2024 Printed in Japan